Procédure civile
et nouvelles technologies

Droit privé et sciences criminelles

Collection dirigée par Yves Strickler

Créée fin 2011 par Yves Strickler et le Centre d'études et de recherches en droit privé (devenu le Centre d'études et de recherches en droit des procédures en 2013) de la Faculté de droit et science politique de Nice, la présente collection a pour vocation principale de publier des ouvrages en liaison avec le thème retenu pour dénomination de la collection. Cette dernière rassemble des recherches originales, tirées notamment de travaux de recherche, de manifestations scientifiques ainsi que d'ouvrages collectifs sur les interrogations actuelles que rencontre la science juridique, spécialement dans le domaine du droit privé et des sciences criminelles.

Dernières parutions

Victor Hugo et les magistrats, par Marcel Foulon, 2016
Variations juridiques et sociologiques - Regards experts sur les grandes mutations du droit, dir. Marc Dalloz, 2016
De la mobilisation du fait à la réalisation du droit, dir. Maxime Lei et Loïc Yboud, 2016
Les enjeux patrimoniaux de la séparation - Questions récurrentes, dir. Laetitia Antonini-Cochin, 2016
Les aspects procéduraux du dessaisissement, par Benjamin Ferrari, 2016
Le droit et les sentiments, dir. Laurie Bolleri-Schenique et Delphine Lanzara, 2015
L'erreur judiciaire. Apprendre à douter pour lutter contre les erreurs judiciaires, dir. Xavier Pin, 2015.
Fonctionnaires et droit pénal : des justiciables comme les autres ?, dir. Marc Dalloz et Christine Courtin, 2015.

Liste complète des ouvrages de la collection

http://www.editions-harmattan.fr/index.asp?navig=catalogue&obj=collection&no=895

Delphine de Lorgeril

Procédure civile et nouvelles technologies

Mémoire de recherche réalisé sous la direction de
M. Philippe KAIGL,
Maître de conférences à l'Université Côte d'Azur,
Avocat au Barreau de Grasse

Prix du meilleur mémoire 2016
des Masters 2 adossés au Centre d'Études et de Recherches en Droit des Procédures (E.A. n° 1201), Master 2 *Droit privé et sciences criminelles*, Parcours « Droit privé fondamental » , Faculté de droit et science politique de Nice, Année universitaire 2015-2016.

L'Harmattan

5-7, rue de l'École-Polytechnique, 75005 Paris
http://www.editions-harmattan.fr
ISBN : 978-2-343-12694-4
EAN : 9782343126944

Je remercie Maître Philippe Kaigl pour sa disponibilité et ses conseils avisés.

Je remercie mes proches pour le soutien qu'ils m'ont apporté cette année.

Listes des abréviations

AFDI	Annuaire français de droit international
AJDA	Actualité juridique de droit administratif
AJDI	Actualité juridique de droit immobilier
Al.	Alinéa
Arr.	Arrêté
Art.	Article
Bull. Ass. Plén.	Bulletin des arrêts de la Cour de cassation, Assemblée plénière
Bull. Civ.	Bulletin des arrêts de la Cour de cassation, chambres civiles
c.	Contre
C. Civ.	Code civil
C. Patr.	Code du patrimoine
C. Pr. Ex.	Code des procédures civiles d'exécution
CA	Arrêt de cour d'appel
Cass.	Cour de cassation
(CE)	Communautés européennes
CE	Conseil d'Etat
CE Ass.	Arrêt de l'assemblée du contentieux du Conseil d'Etat
CEDH	Cour européenne des droits de l'homme
CESDH	Convention européenne de sauvegarde des droits de l'homme et des libertés fondamentales
Cf.	Confère
CJUE	Cour de justice de l'Union Européenne
Infra	Ci-dessous
Cf. supra	Ci-dessus
Ch. Corr.	Chambre correctionnelle
Circ.	Circulaire
Civ 1ère	Arrêt de la Cour de cassation, première chambre civile
Civ. 2ème	Arrêt de la Cour de cassation, deuxième chambre civile
Civ. 3ème	Arrêt de la Cour de cassation, troisième chambre civile
COJ	Code de l'organisation judiciaire
Coll.	Collection
Com.	Arrêt de la chambre commerciale de la Cour de cassation
Comm.	Commentaire
Concl.	Conclusions
Consid.	Considérant
Cons. Const	Conseil Constitutionnel
Conv.	Convention
CP	Code pénal
CPC	Code de procédure civile
CPP	Code de procédure pénale
CSS	Code de la sécurité sociale
D.	Dalloz-Sirey (Recueil)
DC	Décision du Conseil Constitutionnel

Décr.	Décret
Doc. Fr.	Documentation française
Doctr.	Doctrine
Dr. Et Proc.	Revue Droit et procédures – La revue des huissiers (ancienne Revue des huissiers)
DUDH	Déclaration universelle des droits de l'homme
Ed.	Edition
GACEDH	Grands arrêts de la Cour européenne des droits de l'homme
Gaz. Pal.	Gazette du Palais
GDCC	Grandes décisions du Conseil Constitutionnel
Ibid.	*Ibidem*
In	Dans
J. Proximité	Juridiction de proximité
JCP G	Juris-Classeur périodique, La semaine juridique, édition générale
JEX	Juge de l'exécution
JORF	Journal Officiel de la République française (lois et décrets)
Juris-Data	Juris-Data (banque de données juridiques)
Justices	Revue Justices
L.	Loi
Lebon	Recueil des arrêts du Conseil d'Etat
LPA	Les Petites Affiches
Not.	Notamment
Obs.	Observation
Op. Cit.	*Opere citato*, ouvrage déjà cité
Ord. Référé	Ordonnance de référé
P.	Page
Préc.	Précité
Préf.	Préface
Procédures	Revue Procédures
RD Pub.	Revue du droit public et de la science politique en France et à l'étranger
Rec.	Recueil des arrêts du Conseil d'Etat
Rec. CEDH	Recueil des arrêts de la Cour européenne des droits de l'homme
Rec. Cons. Const.	Recueil des décisions du Conseil Constitutionnel
Rép. Pr. Civ.	Répertoire de procédure civile
Req.	Requête
RFDA	Revue française de droit administratif
RG n°	Numéro de registre du greffe
RPSH	Réseau privé sécurisé virtuel des huissiers de justice
RPVA	Réseau privé virtuel avocat
RPVATC	Réseau privé virtuel avocat utilisé devant les tribunaux de commerce
RPVJ	Réseau privé virtuel justice
RTD Civ.	Revue trimestrielle de droit civil

RTDH	Revue trimestrielle des droits de l'homme
S.	Suivant
Série A	Arrêts et décisions de la Cour européenne des droits de l'homme
Soc.	Arrêt de la chambre sociale de la Cour de cassation
Somm.	Sommaire
Spéc.	Spécialement
t.	Tome
T. Com.	Tribunal de commerce
TASS	Tribunal des affaires de sécurité sociale
TGI	Tribunal de grande instance
TI	Tribunal d'instance
Trad.	Traduction

Sommaire

Introduction

1. Nouvelles technologies remèdes aux imperfections de la justice - « Les technologies de l'information et de la communication sont porteuses de promesses dans tous les domaines. Leur vertu est de mettre de la rapidité dans ce qui est lent, de la fluidité dans ce qui est lourd, de l'ouverture dans ce qui est fermé[1] ». Telles étaient les vertus déjà prêtées en 2002 aux nouvelles technologies par le premier ministre de l'époque, Monsieur Jean-Pierre Raffarin. Face à un phénomène de développement constant des nouvelles technologies de l'information et de la communication[2], le monde judiciaire s'est emparé de celles-ci pour remédier aux critiques qui lui sont adressées. Des qualités précédemment évoquées par Monsieur Jean-Pierre Raffarin, sont espérées des améliorations corrélatives du système judiciaire : une accélération des procédures, une gestion simplifiée des affaires, et un meilleur accès à la justice. Ainsi, le recours à Internet et aux nouvelles technologies en général s'amplifiant, et le besoin de rénover le service public de la justice se faisant pressant, le projet a consisté à dématérialiser les procédures[3]. Si la dématérialisation des procédures est un phénomène tentaculaire, touchant diverses branches du droit, cette étude se concentrera sur l'introduction des nouvelles technologies de l'information et de la communication en procédure civile. En effet, c'est en son sein que les développements relatifs aux nouvelles technologies sont les plus conséquents. Plus précisément, la procédure civile est le « rameau de la procédure ayant pour objet de déterminer les règles d'organisation judiciaire, de compétence, d'instruction des procès et d'exécution des décisions particulières aux tribunaux civils de l'ordre judiciaire[4] ». Elle comprend de multiples garanties offertes aux justiciables, leur assurant une protection effective de leurs droits. Quant aux nouvelles technologies

---

[1] Extrait du discours de J.-P. Raffarin lors de l'assemblée générale de l'Electronic Business Group à Paris le 12 nov. 2002, in Rapport sur la confiance dans l'économie numérique, P. Herisson, B. Sido, rapport 345, 2002-2003, Commission des affaires économiques, www.senat.fr.

[2] L. Ferrand, Nouvelles technologies et nouvelle culture judiciaire, in Les technologies de l'information et de la communication au service de la justice du XXIème siècle, Actes du colloque organisé du 13 au 15 oct. 2011 à Dijon par l'Association pour l'organisation de la Conférence des Présidents des cours d'appel de l'Union Européenne Juritic, LGDJ, Lextenso éd., 2013, p. 25.

[3] Ibid.

[4] Sous la direction de G. Cornu, Association Henri Capitant, Vocabulaire juridique, PUF, 9ème éd., août 2011, p. 803.

de l'information et de la communication, elles désignent « l'ensemble des ressources et outils nécessaires pour traiter l'information, la stocker, la gérer, la convertir, puis la transmettre pour communiquer l'information, et enfin, la conserver pour la retrouver ultérieurement »[1]. Ainsi, elles comprennent notamment les équipements et réseaux informatiques, les serveurs, le multimédia, les logiciels[2]. Ces nouvelles technologies vont faire une entrée en force en procédure civile. Ainsi, ce sont les rapports entre les nouvelles technologies et la procédure civile qui seront étudiés.

2. Incorporation des nouvelles technologies - L'appréhension en procédure civile des nouvelles technologies se traduit par un phénomène d'assimilation de ces dernières au sein des règles de procédure. Aujourd'hui, la justice est marquée par une désuétude du support papier, concurrencé par le support dématérialisé induit par l'utilisation des nouvelles technologies[3]. Mais la question de l'assimilation de nouveaux procédés véhiculant des informations n'est pas nouvelle. En effet, le monde judiciaire a déjà pu être confronté à l'application en son sein de tels progrès, ce qui fait de l'incorporation des technologies de l'information et de la communication par le système judiciaire une question ancienne **(I)**. Mais la dématérialisation des procédures étant aujourd'hui particulièrement développée, l'impact conséquent de l'introduction des nouvelles technologies en procédure civile en fait une question renouvelée **(II)**.

I. Une question ancienne

3. Influences antérieures des nouvelles technologies - Les nouvelles technologies de l'information et de la communication ne sont nouvelles que pour un temps donné. Le système judiciaire s'est déjà approprié diverses inventions en la matière. Le point de départ du développement de tels outils se situe à l'invention de l'imprimerie[4]. En effet, par le biais des écrits ainsi reproduits, les informations circulent librement et plus rapidement[5]. D'autres réalisations peuvent être recensées, au service d'un travail juridictionnel facilité. Pour exemple, il

---

[1] N. Fricero, Communication judiciaire, atelier, in Les technologies de l'information et de la communication au service de la justice du XXIème siècle, op. cit., p. 82.

[2] Ibid.

[3] G. Maugain, Actes de procédure, Rép. Pr. Civ., sept. 2014.

[4] Située en 1440, in R. Trégouët, Les nouvelles technologies de l'information, rapport d'information, fait au nom de la commission des finances n° 331, tome I, 1997-1998, 4 mars 1998, p. 9.

[5] Ibid. p. 30 et s.

est possible d'affirmer que l'usage des photocopieurs simplifie considérablement le travail de certains acteurs des procédures, tel que celui du greffe des juridictions. Mais les innovations technologiques n'ont pas toujours reçu un accueil favorable en procédure civile. A ce titre, l'usage de la télécopie en tant que moyen de transmission des actes de procédure n'a pas été reconnu comme tel par la jurisprudence. La télécopie peut être définie comme la méthode permettant de reproduire à distance un document en utilisant le réseau téléphonique[1]. Cependant, cette technique ne permet pas de garantir la fiabilité des indications figurant sur les documents envoyés[2]. Ce défaut de sécurisation des envois d'actes de procédure a entraîné les réticences des magistrats à valider l'utilisation d'un tel mode de communication en matière de procédure. Plusieurs arrêts ont refusé la validité d'une transmission par cet outil[3]. Malgré ce rejet de l'usage de la télécopie par les magistrats en procédure civile, le législateur a pu l'autoriser dans d'autres domaines, et de manière assez avancée[4]. Effectivement, l'article 198 alinéa 3 du code de procédure pénale, précise qu'en cas d'éloignement entre l'avocat et la ville où siège la chambre de l'instruction, celui-ci peut adresser son mémoire au greffier, au ministère public et aux autres parties par télécopie. Une condition de distance est posée afin d'user de ce dispositif. Cela démontre qu'en procédure pénale, la télécopie est un mode légal de transmission des actes de procédure. Une divergence existe donc entre ces deux matières procédurales. Ainsi, seules les nouvelles technologies respectueuses des garanties du procès civil sont validées. En effet, la procédure civile est par essence formaliste, et les actes de procédure ne se définissent pas seulement par leur contenu, mais également par leur support[5]. De ce fait, jusqu'à récemment, le seul support des actes de procédure qui assurait une protection optimale des droits des justiciables était le traditionnel support papier. Une réelle importance est attachée au support de l'acte de procédure car de lui dépendra la sécurité de l'élaboration, de la conservation et de la transmission de l'acte.

---

[1] G. Maugain, Actes de procédure, préc.

[2] Ibid. car une falsification des mentions figurant sur l'acte de télécopie est possible.

[3] Not. Sanctionnant l'usage de la télécopie : CA Paris, 24 juin 1992, JCP 1992, IV, 2590 ; Soc. 27 janv. 2000, n° 97-43845, Procédures 2000, n° 102, obs. Sportouch ; Civ. 2ème, 28 févr. 2006, n° 04-15406, Bull. civ. II, n° 51 ; Civ. 2ème, 6 mai 2010, n° 09-66523, Bull. civ. II, n° 86, D. 2011. 265, obs. N. Fricero ; Civ. 3ème, 19 juin 1996, n° 94-70291, Bull. civ. III, n° 148, AJDI 1996. 901, obs. Lévy ; Civ. 2ème, 10 févr. 2011, n° 10-15332, Bull. civ. II, n° 31.

[4] L'alinéa 3 de l'article 198 du CPP ayant été introduit par la L. n° 93-2 du 4 janv. 1993, JORF n° 0003 du 4 janv. 1993, p. 215.

[5] E. de Leiris, Communication électronique, Rép. Pr. Civ., janv. 2016.

4. Primauté révolue du support papier - Malgré l'évolution des nouvelles technologies, la procédure civile est longtemps restée attachée au support papier et à la sécurité qu'il apporte. Cette matière était à l'origine plutôt hermétique à l'introduction des nouvelles technologies en son sein. Un décalage existe donc entre l'apparition des nouvelles technologies contemporaines, et leur réglementation par les règles de procédure.

Pour exemple, le jugement doit être rédigé par écrit pour être valable. Cette exigence découle implicitement de la lecture des articles 454 à 456 du code de procédure civile[1]. La dématérialisation du jugement est intervenue assez tardivement. En effet, jusqu'en 2012, il était impossible d'établir un tel acte sur support électronique. Le décret du 28 décembre 2012[2] a introduit la possibilité de rédiger le jugement soit sur support papier, soit sur support électronique. Quand cette dernière forme est choisie, le procédé utilisé doit en garantir l'intégrité, la conservation, et la signature électronique du jugement doit être sécurisée[3]. Néanmoins, il faut préciser que cette hypothèse est assez limitée devant les juridictions car seule la Cour de cassation dispose d'une telle signature électronique sécurisée[4].

Puis, l'évolution des nouvelles technologies de l'information et de la communication a débouché sur la diversification des écrits, et de nouveaux moyens de télétransmissions et de télécommunications sont apparus[5]. Evidemment, ceux-ci se sont améliorés techniquement dans le sens où ils offrent une vitesse accrue de transmission des informations, comparativement aux moyens plus classiques[6]. Les qualités présentées par les nouvelles technologies ont alors remis en question l'affection qui existait pour le support papier. Les progrès considérables intervenus en la matière ont permis d'imaginer la mise en œuvre de procédés d'établissement, de conservation et de transmission des actes de procédure permettant d'assurer une sécurité équivalente à celle offerte

---

[1] F. Eudier, N. Gerbay, Jugement, Rép. Pr. Civ, juin 2014 ; N. Fricero, in Droit et pratique de la procédure civile, Droits interne et de l'Union Européenne (dir. S. Guinchard), Dalloz action, 8ème éd., 2014-2015, spéc. n° 412.05.

[2] Décr. n° 2012-1515 du 28 déc. 2012, JORF n° 0304 du 30 déc. 2012, p. 21018.

[3] Art. 456 CPC.

[4] Arr. du 18 oct. 2013, JORF n° 0247 du 23 oct. 2013, p. 17329.

[5] R. Trégouët, Les nouvelles technologies de l'information, rapport d'information, fait au nom de la commission des finances n° 331, tome I, 1997-1998, 4 mars 1998, p. 72.

[6] Ibid. p. 66.

par le support papier. Ainsi, l'essor des nouvelles technologies a influencé les actes de procédure[1]. Le support dématérialisé est venu concurrencer le traditionnel support papier[2]. De plus, les dispositifs impliquant l'usage des nouvelles technologies étant en mesure d'apporter une sécurisation des échanges, et pouvant être de ce fait conformes aux exigences du procès civil, leur introduction en la matière ne se heurta plus à des réticences, comme celles qui existaient pour l'usage de la télécopie[3]. L'expansion des nouvelles technologies a donc conduit à la dématérialisation des procédures, et leur influence en la matière est telle que la question de leur appréhension par le droit prend aujourd'hui une toute autre mesure. En effet, l'utilisation des nouvelles technologies en procédure civile n'est plus seulement circonscrite aux actes de procédure, c'est un phénomène qui certes englobe la dématérialisation de tels actes, mais qui va au-delà.

Ainsi, la question de l'appréhension de nouvelles technologies par le droit n'est pas nouvelle. Cependant, les précédentes évolutions en la matière étaient plus ponctuelles, et ne pouvaient être considérées comme ayant un impact aussi considérable que celui constaté en procédure civile depuis 2005. Des inventions telles que la photocopieuse, ou la télécopie, facilitaient sans doute le travail des juridictions et des professionnels du droit, mais aucun de ces outils n'avait fait l'objet d'une codification.

II. Une question renouvelée

5. Large consécration - Lorsque les avancées techniques ont été telles que l'utilisation des nouvelles technologies pouvait respecter les principes de la procédure civile, leur réglementation et leur développement ont été favorisés par le réformateur. S'inscrivant dans une résolution assurée de moderniser le procès civil, le déploiement des nouvelles technologies s'est à l'origine axé sur la dématérialisation des actes de procédure et sur leur communication[4]. En effet, c'est la loi du

---

[1] G. Maugain, Actes de procédure, préc. ; E. de Leiris, Communication électronique, préc.

[2] G. Maugain, Actes de procédure, préc.

[3] Cf. supra n° 3.

[4] L. Ferrand, Nouvelles technologies et nouvelle culture judiciaire, in Les technologies de l'information et de la communication au service de la justice du XXIème siècle, op. cit., p. 25 ; N. Fricero, Communication judiciaire, atelier, ibid., p. 85.

13 mars 2000[1] qui a enclenché le grand chantier de dématérialisation des procédures. Elle a posé le principe d'une équivalence de la valeur des écrits, qu'ils soient établis sur support papier ou sur support électronique[2]. Depuis cette loi, le réformateur n'a eu de cesse d'introduire des dispositions relatives aux nouvelles technologies. L'engagement dans cette voie fût confirmé par l'autorisation d'établir et de conserver tout écrit exigé pour la validité d'un acte juridique sur un support électronique, selon les termes de l'article 1108-1 du code civil[3]. Ce préalable était nécessaire à la mise en œuvre de la dématérialisation de la procédure civile. Néanmoins, l'introduction des nouvelles technologies de l'information et de la communication au sein du code de procédure civile est intervenue quelques temps plus tard, et le décret du 28 décembre 2005[4] a marqué l'avènement d'une conception dématérialisée de la procédure civile. Les nouvelles technologies ont fait une entrée en force dans le code, par l'ajout d'un titre XXI au livre premier, dénommé « La communication par voie électronique » et d'un article 729-1 prévoyant la tenue sur support électronique du répertoire général, du registre et du dossier par le greffe. Depuis lors, l'usage de la communication par voie électronique a prospéré, et le réformateur s'est attaché à élargir son champ d'application. Un constat est posé, dans le code de procédure civile, c'est surtout la transmission des actes de procédure par voie électronique, corollaire de la dématérialisation des actes, qui a intéressé le pouvoir règlementaire[5]. Mais il convient de dépasser la vision du code de procédure civile pour avoir une approche globale de l'influence des nouvelles technologies sur le procès civil. A ce titre, il convient de prendre en compte l'intégralité des outils utilisant de telles technologies et d'examiner quels rapports ils entretiennent avec le procès civil et tous ses protagonistes.

6. Dynamique entre les nouvelles technologies et le procès civil - Les nouvelles technologies de l'information et de la communication sont perçues comme des moyens à destination des acteurs du procès, destinées à améliorer le déroulement des procédures et

[1] L. n° 2000-230 du 13 mars 2000, JORF n° 62 du 14 mars 2000, p. 3968.
[2] Art. 1316-1 C. Civ.
[3] Introduit par la L. n° 2004-575 du 21 juin 2004, JORF n° 0143 du 22 juin 2004, p. 11168.
[4] Décr. n° 2005-1678 du 28 déc. 2005, JORF n° 302 du 29 déc. 2005, p. 20350.
[5] C. Bléry, in Droit et pratique de la procédure civile, Droits interne et de l'Union Européenne, Dalloz action, op. cit., spéc. n° 161.08, p. 457.

à faire entrer la justice dans le XXIème siècle[1]. Cette étude a pour but de démontrer que leur prolifération, leur développement est tel, que l'on se situe au-delà du simple outil fonctionnel. Certes, elles ont pour finalité de moderniser le procès civil[2], mais elles peuvent également bouleverser ses fondements[3]. Les projets ayant trait aux innovations technologiques fusent, tant dans la tête du réformateur, que dans celles des multiples professionnels du droit[4]. Si l'introduction des nouvelles technologies de l'information et de la communication s'est faite dans le respect des règles du procès civil, leur adaptation à celles-ci était nécessaire[5]. Mais également, les règles de procédure ont pris en compte les spécificités des nouvelles technologies, et ont été créées, modifiées en conséquence. Ainsi, cet exercice de réflexion sur les nouvelles technologies se fera à l'aune de la procédure civile et de ses principes. Il sera vain d'y chercher une analyse technique des procédés utilisés. En effet, sauf exception, les techniques informatiques employées ne seront pas exposées. L'objet de cette analyse est véritablement de mettre en lumière la relation entre la procédure civile, matière à principes, et les nouvelles technologies. Dès lors, quelle est l'influence des nouvelles technologies de l'information et de la communication sur la procédure civile ?

Si par principe, l'usage de ces nouvelles technologies est au service du procès civil, justifiant ainsi leur prospérité en la matière, elles peuvent également le contrarier, et troubler ses grands principes, ses fondements. Ainsi, les nouvelles technologies de l'information et de la communication peuvent être en contradiction avec l'essence même du procès civil.

Et, l'étude de la dynamique relationnelle entre les nouvelles technologies de l'information et de la communication et la procédure civile présente de multiples intérêts, tant théoriques, que pratiques.

---

[1] L. Ferrand, Nouvelles technologies et nouvelle culture judiciaire, in Les technologies de l'information et de la communication au service de la justice du XXIème siècle, op. cit., p. 25 ; S. Amrani-Mekki, in Les technologies de l'information et de la communication au service de la justice du XXIème siècle, ibid., p. 33.

[2] L. Cadiet et E. Jeuland, Droit judiciaire privé, Lexisnexis, 8ème éd., 2014, p. 28.

[3] E. de Leiris, Communication électronique, préc.

[4] Cf. infra n° 85.

[5] En vertu de la démarche d'équivalence C. Bléry, in Droit et pratique de la procédure civile, Droits interne et de l'Union Européenne, op. cit., spéc. n° 161.08, p. 457 ; E. de Leiris, Communication électronique, préc.

D'un point de vue théorique, cela permet de mettre en exergue le lien entre les nouvelles technologies et les grands principes de la procédure civile, qu'ils soient contenus dans le code, ou dans d'autres sources. Les nouvelles technologies peuvent servir, ou desservir de tels principes. C'est ainsi qu'un outil pratique, concret, peut avoir un rapport certain avec les garanties fondamentales du procès civil et peut être alors envisagé l'aspect plus abstrait de l'introduction des nouvelles technologies en procédure civile.

D'un point de vue pratique, cela rend possible une appréhension globale et concrète de l'utilisation des nouvelles technologies de l'information et de la communication dans le paysage procédural des juridictions civiles. Il est opportun de préciser quelle est leur prégnance en la matière. Or, il sera démontré que la compréhension d'un tel phénomène n'est pas si aisée, et l'application des outils liés aux nouvelles technologies peut poser de réelles difficultés. Cela remet en question les choix opérés lors de leur mise en œuvre. Ainsi, l'intérêt se situera dans la recherche de solutions à ces complications.

La réflexion sur l'influence des nouvelles technologies de l'information et de la communication sur le procès civil amène à poser le constat d'une entrée en force de ces technologies en procédure civile (**chapitre I**), tant leur consécration en la matière est incontestée. Néanmoins, cette intégration des nouvelles technologies n'est pas sans risque au regard des garanties du procès civil (**chapitre II**).

Chapitre 1 : L'entrée en force des nouvelles technologies en procédure civile

7. C'est avec le décret du 28 décembre 2005 que les nouvelles technologies ont fait une entrée remarquable dans le code de procédure civile. Le décret, par l'ajout du titre XXI au livre premier du code intitulé « la communication par voie électronique » et d'un nouvel article 729-1, inaugure ce procédé dans l'établissement et la notification des actes de procédures. La voie électronique est donc une nouvelle modalité de transmission des actes dans le procès. C'est sous cet aspect de communication des actes de procédure, de notification, que les nouvelles technologies de l'information et de la communication connaissent les plus amples développements en procédure civile.

La notification est le fait de porter un acte à la connaissance d'autrui[1]. Elle présente nécessairement un aspect technique, à travers les différents moyens de transmission des actes juridiques, mais elle ne saurait être réduite à celui-ci, car elle permet de faire respecter le principe directeur de la contradiction[2]. La notification d'un acte de procédure peut prendre différentes formes, que ce soit par voie de signification, par voie de notification ordinaire, simplifiée entre avocats, ou par voie internationale. Ne s'ajoutant pas aux autres voies de notification prévues par le code, la communication par voie électronique les englobe, et offre un cadre plus large que celui qui était offert par le code de procédure civile[3]. Ainsi, loin d'être seulement un procédé technique, la communication par voie électronique, « est de la procédure civile »[4]. Par sa situation dans le code, il est aisé de déduire que le titre XXI est applicable à toutes les voies de notification et a vocation à avoir un champ d'application étendu. L'adoption successive d'arrêtés et de décrets, consécutive au décret du 28 décembre 2005, démontre une véritable volonté d'en généraliser l'utilisation.

---

[1] Art. 651 CPC.

[2] S. Amrani-Mekki, Y. Strickler, Procédure civile, Thémis droit, PUF, 1ère éd., 2014, spéc. n° 219, p. 411.

[3] C. Chainais, F. Ferrand et S. Guinchard, Procédure civile, droits interne et de l'Union Européenne, Précis Dalloz, 32ème éd., 2014, spéc. n° 887, p. 633.

[4] C. Bléry et J-P. Teboul, La communication électronique, de la procédure civile avant tout ! JCP G n° 46 12 nov. 2012, 1189

En tant que nouvelle modalité d'exécution de la transmission des actes du procès, la communication par voie électronique doit nécessairement montrer sa compatibilité avec les objectifs du système de notification et de signification des actes, c'est-à-dire concourir à l'effectivité des exigences d'un procès équitable, notamment le principe d'égalité des armes posé par la Cour Européenne des droits de l'Homme[1]. Ce n'est que dans l'objectif de bonne justice, et de respect des principes directeurs de la procédure civile, que la mise en place d'une nouvelle voie de transmission des actes doit être envisagée.

Par conséquent, l'étude de l'application des nouvelles technologies à la procédure civile confirme sa généralisation en droit positif, au travers de nombreux textes (section 1) inspirés du principe de bonne administration de la justice (section 2).

Section 1 : Une consécration textuelle manifeste

8. Le droit commun des notifications a été complété par l'appréhension en procédure civile des nouvelles technologies. Dès le début des années 2000, les acteurs des professions juridiques et l'Etat se sont appropriés les nouvelles technologies de l'information et de la communication afin de créer des actes juridiques dématérialisés et mettre en place des échanges par voie électronique entre les tribunaux et les professions judiciaires[2]. C'est ainsi que le papier a perdu son privilège en tant que support de transmission classique des données procédurales[3]. Après l'introduction du régime commun à tous les actes, et à toutes les juridictions par le décret du 28 décembre 2005, il fallait nécessairement une intervention complémentaire pour que cette globalisation soit réelle, et que la mise en application des mesures soit effective. En effet, tel qu'il était conçu en 2005, le titre XXI du code ne pouvait être appliqué tel quel. L'article 748-6 du code de procédure civile soumet son application à l'adoption d'un arrêté, ciblant les juridictions et les actes concernés par la dématérialisation. De ces textes introduisant les nouvelles technologies en procédure civile peuvent être dégagées deux tendances.

---

[1] CEDH 31 mai 2007, Miholapa c. Lettonie, spéc. § 19, D. 2007, 2429, obs. N. Fricero.

[2] T. Ghéra, Dématérialisation des procédures judiciaires : l'équilibre entre professions à l'épreuve de l'évolution culturelle, Gaz. Pal., 20 sept. 2011, n° 263, p. 9.

[3] C. Bléry et J-P. Teboul, La communication électronique, de la procédure civile avant tout ! préc.

D'abord, il est logique d'apercevoir la mise en place de règles touchant directement à la communication par voie électronique. Ces dispositions, englobant le cadre des notifications classiques[1] ont été rédigées, sans modifier les anciens textes relatifs aux notifications, avec le souci d'offrir des garanties similaires à celles offertes par la voie papier. C'est ainsi que le législateur a procédé en suivant une démarche d'équivalence[2]. Il a accordé à la voie électronique les exigences posées par le code pour la voie papier.

Ensuite, il faut constater un mouvement plus discutable de réformes procédurales adaptant certaines faces de la procédure aux nouvelles technologies, alors que ce sont ces dernières qui devraient n'être introduites en procédure civile qu'à la condition d'être parfaitement respectueuses de ses fondements.

Ainsi, la réglementation de l'usage des nouvelles technologies en procédure civile s'observe tantôt par la création pragmatique de règles procédurales propres à celles-ci (§1) et, tantôt par une adaptation contestable de la procédure civile à ces nouvelles technologies (§2).

§1 La création pragmatique de règles de procédure propres aux nouvelles technologies

9. L'élaboration des diverses règles réparties dans le code de procédure civile, relatives à la dématérialisation des procédures a été motivée par un souci d'applicabilité certain face à la richesse des modalités procédurales qu'offre le code. Par conséquent, les règles concernant l'introduction des nouvelles technologies ont vocation à être appliquées de manière apparemment générale (A), incluant même une application possible à la procédure orale (B), ce qui n'est pas sans contradiction avec la nature de cette procédure.

---

[1] C. Chainais, F. Ferrand et S. Guinchard, Procédure civile, droits interne et de l'Union Européenne, op. cit., spéc. n° 887, p. 633.

[2] C. Bléry, in Droit et pratique de la procédure civile, Droits interne et de l'Union Européenne, op. cit., spéc. n° 161.08, p. 457 ; E. de Leiris, Communication électronique, préc.

A. Une application apparemment générale

10. Le législateur a fait le choix d'introduire les nouvelles technologies en procédure civile en insérant un nouveau titre au sein du livre premier du code. Ces dispositions tendent à une application généralisée. Pourtant, cette extension de l'usage des nouvelles technologies n'est pas systématique, car il est conditionné par l'article 748-6 du code de procédure civile qui limite la portée des textes introduits.

11. Application généralisée en apparence - Le droit de la procédure civile est formaliste. Ce caractère est indispensable à la protection des justiciables contre l'arbitraire du juge, et leur permet de connaître les règles relatives à la formation des actes juridiques afin qu'ils exercent leurs droits[1]. La forme contribue à faire observer le principe du procès équitable[2]. Elle se retrouve au travers de toutes les règles du code de procédure civile et elle est « la sœur jumelle de la liberté. »[3]. Les dispositions du code permettent au justiciable de poursuivre la réalisation de ses droits, dans le respect des principes directeurs du code, énoncés aux articles 1er à 24, et des exigences tirées de la notion de procès équitable. Les actes de procédure établis par les parties et par les acteurs du procès en général se rattachent à une instance judiciaire[4]. Parce qu'ils sont destinés à produire des effets de droit, la forme de tels actes importe également, en raison de ce caractère formaliste[5]. Par conséquent, les actes ne sont pas seulement caractérisés par leur contenu, mais aussi par leur support, qu'il soit papier, verbal ou électronique[6]. Dès lors, pour ouvrir la possibilité d'établir des actes et de communiquer sur une autre forme de support que le papier, le législateur était dans l'obligation de faire en sorte que le support électronique offre des garanties similaires aux justiciables. Ainsi, l'établissement d'une

---

[1] Sous la direction de G. Cornu, Association Henri Capitant, Vocabulaire juridique, op. cit., p. 470.
[2] C. Chainais, F. Ferrand et S. Guinchard, Procédure civile, droits interne et de l'Union Européenne, op cit., spéc. n° 12, p. 13.
[3] R. Von Jhéring, L'esprit du droit romain, trad. O de Meulamaere, Maresq., Paris, T III, 3ème éd. 1887, spéc. p. 164.
[4] Sous la direction de G. Cornu, Association Henri Capitant, Vocabulaire juridique, op cit., p. 21.
[5] E. de Leiris, Communication électronique, préc.
[6] Ibid.

dématérialisation de la procédure s'est faite en suivant une démarche d'équivalence[1].

Ce processus permet une identité de valeur, et d'effet de droit[2] entre les actes établis et transmis sur support papier, et ceux dressés et communiqués par voie électronique. Si une assimilation complète avec le papier n'était pas possible[3], il fallait néanmoins que l'ouverture d'une nouvelle forme de communication aux justiciables et aux professionnels du droit se fasse dans le respect du formalisme protecteur instauré par le code. C'est dans cet esprit que le titre XXI du code de procédure civile a été rédigé, afin de s'imposer comme un cadre général. Il régit la substitution, qu'elle soit totale ou seulement subsidiaire, de la voie papier, quand elle est permise, par la voie électronique. En outre, c'est à la lecture du titre XXI du code de procédure civile que l'on peut s'apercevoir d'une véritable transversalité du régime de la communication par voie électronique.

Dans un premier temps, il faut nécessairement remarquer que l'article 748-1, fronton du titre XXI dudit code, vise les actes de procédure participant à faire évoluer le litige. En effet, il précise que « Les envois, remises et notifications des actes de procédure, des pièces, avis, avertissements ou convocations, des rapports, des procès-verbaux ainsi que des copies et expéditions revêtues de la formule exécutoire des décisions juridictionnelles peuvent être effectués par voie électronique dans les conditions et selon les modalités fixées par le présent titre. Sont ainsi concernés les pièces, avis, avertissements ou convocations, les rapports, procès-verbaux, et même les jugements. » L'article vise tous les actes de procédure stricto sensu[4]. Loïc Cadiet définit le procès comme étant une « activité de communication consistant à échanger des prétentions, des défenses, des pièces, des arguments, des preuves, des décisions[5]. » Ces échanges sont surtout présents lors de la mise en état de

---

[1] Ibid. et C. Bléry, in Droit et pratique de la procédure civile, Droits interne et de l'Union Européenne, op. cit., spéc. n° 161.08, p. 457.

[2] Sous la direction de G. Cornu, Association Henri Capitant, Vocabulaire juridique, op cit., p. 409.

[3] C. Bléry et J.-P. Teboul, Dématérialisation du procès : trois pas en avant, deux pas en arrière ?, Gaz. Pal., 9 mars 2013, n° 68, p. 12.

[4] A. Ferrete et E. Ricard, La technique au service de l'efficacité de la procédure civile : premières vues sur le décret du 28 décembre 2005, Procédures n° 6, juin 2006, étude 17.

[5] L. Cadiet, Le procès civil à l'épreuve des nouvelles technologies – Rapport de synthèse, préc.

l'affaire, moment où sont communiqués les actes et preuves nécessaires à l'évolution du litige. Les différents protagonistes éligibles à la communication par voie électronique feront transiter de tels actes par les réseaux et systèmes mis en place. Si le champ d'application de l'article 748-1 semble a priori bien défini, il paraît possible d'affirmer qu'il régit d'autres sortes d'actes : les actes dits « réceptices »[1]. Ces actes produisent des effets de droit seulement lorsqu'ils sont parvenus à leur destinataire[2]. Il existe alors des actes non expressément visés par l'article, comme les écritures d'avocat, ou les constitutions d'avocat qui ne sont validés juridiquement que par leur envoi[3]. L'article 748-1 du code de procédure civile peut donc être élargi et appliqué à d'autres types d'actes que ceux visés dans ses termes, ceux dont l'établissement ne peut être distingué de leur envoi.

Dans un second temps, la localisation du titre XXI au sein du livre 1er du code de procédure civile est révélatrice. En effet, l'intitulé de ce livre est « Dispositions communes à toutes les juridictions ». Les règles relatives à la communication par voie électronique ont ainsi vocation à s'appliquer tant aux juridictions de droit commun, qu'aux juridictions d'exception. Cela démontre une volonté de faire de l'emploi des nouvelles technologies une généralité, afin de moderniser les méthodes de travail des juridictions et des professionnels du droit[4]. L'article 748-1 fait de cette voie une possibilité, elle n'est donc, sauf les cas où elle est précisément obligatoire, qu'une faculté offerte à la partie et son représentant.

Il est intéressant de préciser que la généralisation de la dématérialisation de la procédure s'est poursuivie au-delà du stade de mise en état de l'affaire, phase-clé de la procédure marquée par les échanges et débats entre les parties. En effet, le décret du 28 décembre 2012[5] modifie l'article 456 du code de procédure civile, et instaure la dématérialisation totale du jugement qui peut être établi sur support électronique. Néanmoins, pour répondre à des garanties d'intégrité et de conservation, il doit être signé « au moyen d'un procédé de signature électronique sécurisée répondant aux exigences du décret n° 2001-272 du

---

[1] E. de Leiris, Communication électronique, préc.
[2] Ibid.
[3] Ibid.
[4] T. Ghéra, Dématérialisation des procédures judiciaires : l'équilibre entre professions à l'épreuve de l'évolution culturelle, préc.
[5] Décr. n° 2012-1515 du 28 déc. 2012, JORF n° 0304 du 30 déc. 2012, p. 21018.

30 mars 2001 pris pour l'application de l'article 1316-4 du code civil et relatif à la signature électronique ». De plus, il faut citer l'article L. 111-12 du code de l'organisation judiciaire qui a inscrit dans ses principes généraux la possibilité que les audiences se tiennent, si les parties sont consentantes, par le biais de visioconférences. Cela étend l'application des nouvelles technologies de l'information et de la communication aux audiences. Ainsi, les nouvelles technologies irriguent la procédure, au-delà de la phase de mise en état. Se construit peu à peu l'image de ce que certains ont pu appeler « un palais de justice virtuel[1] » où chaque étape du procès peut être dématérialisée, ce qui démontre l'importance de la consécration de l'usage des nouvelles technologies en procédure civile.

12. Application limitée en fait - L'article 1316-1 du code civil pose le principe d'équivalence à titre de preuve de l'écrit sur support électronique et de l'écrit sur support papier. Néanmoins, pour que s'applique cette équivalence, deux conditions doivent être remplies. D'une part, l'auteur de l'acte doit être identifiable. D'autre part, l'acte doit être établi dans des conditions propres à garantir son intégrité. Ce sont les raisons pour lesquelles le décret du 28 décembre 2005 n'a pu être appliqué immédiatement à la date de son entrée en vigueur. En effet, l'article 748-6 du code de procédure civile limite la portée des dispositions du titre XXI en précisant qu'elles ne peuvent être appliquées tant qu'un arrêté du Garde des Sceaux n'est pas adopté pour leur application. Cet arrêté doit fixer des garanties à l'usage de la communication par voie électronique[2]. Ainsi, si apparemment le titre XXI s'applique à toutes les juridictions, cela n'est pas vrai en pratique. Néanmoins, l'adoption de cet arrêté apparaît nécessaire. La dématérialisation doit respecter cette démarche d'équivalence, permettant d'assurer à la communication par voie électronique des garanties suffisantes notamment en matière de sécurité, d'intégrité, et de confidentialité des échanges[3]. L'article 748-6 garantit la fiabilité probatoire de la communication par voie électronique[4]. Cette possibilité de différer l'entrée en vigueur effective du décret du 28 décembre 2005[5] ne paraît pas contestable. Si elle donne lieu à une application disparate

---

[1] C. Berrebi, Les procédures immatérielles : état des lieux, Gaz. Pal., 26 mai 2012, n° 147, p. 13.
[2] S. Amrani-Mekki, Y. Strickler, Procédure civile, op. cit., spéc. n° 229, p. 418-419.
[3] C. Bléry et J.-P. Teboul, Dématérialisation du procès : trois pas en avant, deux pas en arrière ?, préc.
[4] H. Croze, Le progrès technique de la procédure civile, JCP G n° 5, 28 janv. 2009, I, 108.
[5] Décr. n° 2005-1678 du 28 déc. 2005, JORF n° 302 du 29 déc. 2005, p. 20350.

des textes selon le type de juridiction devant lequel la communication est envisagée, l'adoption différée des arrêtés permet aussi au pouvoir règlementaire de prendre toutes les précautions nécessaires pour que l'application du titre XXI respecte les garanties découlant des principes de la procédure civile. D'autant que le Conseil d'Etat a pu décider qu'un décret fixant son entrée en vigueur à une date déterminée ne s'applique pas tant que l'arrêté nécessaire à son application n'est pas publié[1]. Si cette limite nuance le caractère général de l'applicabilité de la communication par voie électronique, elle apparaît nécessaire au respect des exigences formelles de la procédure civile par les réformes dématérialisant le procès.

Les limites quant à l'application homogène du décret du 28 décembre 2005[2] ne viennent pas seulement du pouvoir règlementaire. Une autre exception à l'application généralisée résulte du phénomène de contractualisation de la justice qui est remarquable dans la mise en place de la dématérialisation de la procédure civile[3]. L'instauration de la communication par voie électronique a cela d'original qu'elle a été précédée par une démarche partenariale entre le Conseil national des barreaux et le ministère de la justice[4]. Une première convention datant du 4 mai 2005 entre ces deux contractants a permis à terme la création d'e-barreau et de procédés fiables de communication par voie électronique ainsi que leur développement entre les juridictions et les avocats[5]. D'autres conventions nationales ont étendu l'utilisation de ce mode de communication, notamment celle du 28 septembre 2007 concernant les tribunaux de grande instance[6]. Ce procédé apparaît pragmatique : il met en place un dialogue entre les professionnels[7], utile à une bonne appréhension de ces nouvelles règles de procédure, et anticipant une

---

[1] CE 26 mars 2008, Union syndicale autonome justice [USAJ/UNSA] et a., req. n° 301254 , Lebon.

[2] Décr. n° 2005-1678 du 28 déc. 2005, JORF n° 302 du 29 déc. 2005, p. 20350.

[3] L. Cadiet, Le procès civil à l'épreuve des nouvelles technologies – Rapport de synthèse, préc.

[4] S. Derlange et A. Errera, L'essor des téléprocédures judiciaires en France et à l'étranger : vers la justice de demain, JCP G n° 51, 17 déc. 2008, I, 224.

[5] G. Sabater, Nouvelles technologies et système judiciaire. – Le déploiement de la communication dans les juridictions judiciaires, JCP G n° 51, 17 déc. 2008, I, 223.

[6] Conv. entre le ministère de la justice et le Conseil national des barreaux concernant le développement des nouvelles technologies de communication dans le débat judiciaire entre les tribunaux de grande instance et les avocats, 28 sept. 2007.

[7] L. Cadiet, Le procès civil à l'épreuve des nouvelles technologies – Rapport de synthèse, préc.

généralisation à venir de l'usage de la voie électronique. Ce phénomène est appelé à se perpétrer en procédure civile. En effet, le 19 mai 2016, une convention fût signée entre le Conseil National des Barreaux et le Conseil National des Administrateurs Judiciaires et Mandataires judiciaires. Celle-ci a pour finalité de favoriser les échanges dématérialisés entre ces professions, dans le respect des articles 748-1 à 748-6 du code de procédure civile. Une nouvelle passerelle permettant la transmission par voie électronique est ainsi créée entre des professionnels du droit, ayant pour source une convention.

Un autre phénomène peut cependant être constaté. En effet, la contractualisation de la justice en matière de dématérialisation ne se limite pas à l'échelon national. La mise en place de la communication par voie électronique s'est accompagnée de la multiplication de conventions locales passées entre juridictions et barreaux[1]. Cependant, ces conventions ont contribué à restreindre le domaine d'application du titre XXI du code de procédure civile[2]. C'est avec raison qu'un auteur a pu constater la force de ces sources informelles de la procédure civile que sont ces conventions particulières, passées en respect des usages des tribunaux[3]. En effet, dans ces protocoles passés entres les juridictions et les barreaux, il est opté pour une communication par voie électronique « à la carte », ce qui signifie que le champ d'application rationae materiae et rationae personae est réduit par rapport à celui de l'article 748-1 du code de procédure civile[4]. Ces conventions peuvent dans une certaine mesure être saluées car elles participent au bon fonctionnement des juridictions et accélèrent le traitement des litiges[5]. Cependant, une critique peut être formulée quant à la diversité de ces conventions[6]. Elles diffèrent nécessairement selon les juridictions[7] et la généralisation voulue par le code n'est donc pas atteinte. Enfin, cela conduit à se poser la question de savoir quand interviendra une véritable uniformisation de l'utilisation de la communication par voie électronique au sein des

---

[1] C. Bléry, in Droit et pratique de la procédure civile, Droits interne et de l'Union Européenne, op. cit., spéc. n° 300.00 et s., p. 778 et s.
[2] S. Grayot, Le droit à un procès équitable à l'aune des nouvelles technologies, préc. ; cf. infra n° 54.
[3] Ibid.
[4] Ibid.
[5] E. de Leiris, Communication électronique, préc.
[6] Cf. infra n° 54.
[7] C. Bléry, in Droit et pratique de la procédure civile, Droits interne et de l'Union Européenne, op. cit., spéc. n° 300.51, p. 786.

juridictions. La réforme opérée par le décret du 6 mai 2017[1] apporte des éléments de réponse. A l'image de la procédure d'appel avec représentation obligatoire, il instaure la communication par voie électronique obligatoire devant les tribunaux de grande instance. L'article 796-1 du code de procédure civile, applicable à compter du 1er septembre 2019 énonce qu'à peine d'irrecevabilité, les actes de procédure sont remis à la juridiction par voie électronique. L'extension de la communication par voie électronique obligatoire fait obstacle à tout aménagement par les professionnels de justice.

Une dernière limite à la prétendue généralité de la communication par voie électronique tient à son utilisation gégographiquement restreinte. Actuellement, le réseau privé virtuel avocat ne fonctionne qu'au sein du ressort d'une cour d'appel[2]. Cela se justifie par la territorialité de la postulation. En effet, l'article 5 de la loi du 31 décembre 1971[3] dispose que les avocats ne peuvent postuler que devant les tribunaux de grande instance du ressort de la cour d'appel dans lequel ils ont établi leur résidence professionnelle. Une partie à un litige ne peut se faire représenter que par un avocat exerçant dans le ressort du tribunal saisi. Postulation et limites du réseau privé virtuel avocat sont liées. Cette limitation ratione loci de la communication par voie électronique ne posait pas de problème particulier. Toutefois, le décret du 20 mai 2016[4] a étendu la représentation obligatoire des parties à la procédure d'appel en matière prud'homale. L'article R. 1461-1 du code du travail opère un renvoi à l'article R. 1453-2 du même code et précise qu'à défaut d'être représentées par un défenseur syndical, les parties ont recours à un avocat. Il convient de relever que les avocats sont soumis à la règle de la postulation, contrairement aux défenseurs syndicaux. En effet, le défenseur syndical peut exercer ses fonctions dans le ressort des cours d'appel de la région correspondant à la liste sur laquelle il est inscrit[5]. Il en découle une disparité géographique favorable au défenseur syndical qui intervient sur un territoire plus vaste. La question se posait de savoir si la territorialité de la postulation devait jouer devant la cour d'appel en matière prud'homale. La Cour de cassation a répondu à cette

[1] Décr. n° 2017-892 du 6 mai 2017, JORF n° 0109 du 10 mai 2017, texte n° 114.
[2] Not. in N. Fricero L'appel nouveau est arrivé ! A propos du décret n° 2017-891 du 6 mai 2017, JORF n° 0109, texte n° 113, Dalloz actualité, 12 mai 2017.
[3] Art. 5, L. n° 71-1130 du 31 déc. 1971, JORF du 5 janv. 1972, p. 131.
[4] Décr. n° 2016-660 du 20 mai 2016, JORF n° 0120 du 25 mai 2016, texte n° 30.
[5] L. Hamoudi, Le point sur la procédure d'appel en matière prud'homale, Gaz. Pal. N° 22, 13 juin 2016, p. 10.

interrogation dans deux avis du 5 mai 2017[1]. Les hauts conseillers ont indiqué, suivant en cela le raisonnement de la chancellerie, que les règles de la postulation ne s'appliquent pas devant les cours d'appel statuant en matière prud'homale. Or, le fonctionnement du réseau privé virtuel avocat est cantonné au ressort d'une cour d'appel. Les avocats situés hors de ce ressort, bien qu'admis à représenter une partie dans un litige prud'homal, se heurteront à cette difficulté.

13. Ainsi, il faut remarquer que la lettre du code de procédure civile ne correspond pas à ce qui est constaté dans la pratique de la procédure, au sein des juridictions, bien que cette critique soit atténuée par l'extension de l'obligation de communiquer par voie électronique à la procédure suivie devant les tribunaux de grande instance. L'objectif de généralisation qui était vivement souhaité par le législateur n'est pas encore atteint. Néanmoins, malgré ce constat, il convient d'observer que la dématérialisation des procédures s'applique à un domaine dans lequel on ne l'attendait pas forcément, en procédure orale.

B. Une application originale à la procédure orale

14. Les nouvelles technologies de l'information et de la communication ont trouvé à s'employer en matière de procédure orale, malgré une apparente incompatibilité. Mais cette application n'a été rendue possible qu'en raison d'une place croissante de l'écrit dans ce type de procédure, consacrée par le décret du 1er octobre 2010[2]. Cependant, l'intrusion des nouvelles technologies en procédure orale paraît limitée. Cela est illustré par le nombre restreint de juridictions d'exception devant lesquelles le titre XXI du code de procédure civile est applicable.

15. Incompatibilité apparente - *A priori*, la dématérialisation de la procédure orale paraît inenvisageable au regard de la nature de l'oralité. Avant l'engagement de la dématérialisation du procès civil, les prétentions et demandes des parties ne disposaient que de deux supports traditionnels. Le premier, l'écrit, permet de figer les demandes des plaideurs, et le second support est la voix, portant ces prétentions « de la bouche du plaideur à l'oreille du juge »[3]. Les deux types de procédures se

---

[1] Cass. Avis 5 mai 2017 n° 17-70.004 et n° 17-70.005.
[2] Décr. n° 2010-1165 du 1er oct. 2010, JORF n° 0230 du 3 oct. 2010, p. 17986.
[3] C. Bléry et J.-P. Teboul, Communication par voie électronique et procédure orale : rencontre du troisième type, Procédures n° 10, oct. 2014, dossier 4.

sont construits à partir de ces deux supports. Avec la dématérialisation, c'est un troisième type de support qui a vu le jour : l'écrit dématérialisé[1]. Son développement a connu un succès certain dans les procédures écrites basées sur le support papier.

En effet, les premiers arrêtés pris en application du titre XXI au sein des juridictions étaient destinés à des procédures écrites[2]. S'est posée la question de la compatibilité de cette dématérialisation avec les dispositions de la procédure orale[3]. Mais la procédure orale a été peu affectée par l'avènement de ce nouveau support. Dans cette procédure, les prétentions et demandes des plaideurs sont formulées de vive voix durant l'audience. Il est en effet de jurisprudence constante, que la juridiction ne peut se fonder sur les prétentions écrites d'une partie qui n'était pas représentée à l'audience, ni présente, ni dispensée de présence[4]. La procédure orale ne se prêtait donc pas à la dématérialisation de ces prétentions. Cela se remarque dans l'article 748-1 du code de procédure civile, qui malgré son apparente généralité, ne mentionne pas les actes verbaux[5]. En procédure orale, les prétentions des parties étant énoncées à l'audience, cela explique que la dématérialisation se rattache surtout aux écrits[6]. Du fait de la grande importance des actes verbaux dans les procédures orales, leur appréhension ne peut se faire de manière dématérialisée. Les rédacteurs de l'arrêté du 5 mai 2010 relatif à la communication par voie électronique dans les procédures sans représentation obligatoire devant les cours d'appel[7] se sont d'ailleurs heurtés à cette difficulté[8]. Ils ont dû limiter l'organisation de la dématérialisation autour d'un petit nombre d'actes écrits au sein de cette

---

[1] Ibid.

[2] Arr. du 17 juin 2008, JORF n° 0148 du 26 juin 2008, p. 10259 a permis l'application anticipée des dispositions relatives à la communication par voie électronique à la procédure devant la Cour de cassation ; arr. du 7 avril 2009 ; JORF n° 0086 du 11 avr. 2009, p. 6365 pour une application aux tribunaux de grande instance ; décret du 9 déc. 2009, JORF n° 0287 du 11 déc. 2009 p. 21386 couplé à l'arr. du 30 mars 2011, JORF n° 0076 du 31 mars 2011, p. 5600, pour la procédure devant les cours d'appel quand la représentation est obligatoire.

[3] C. Bléry et J.-P. Teboul, La communication électronique, de la procédure civile avant tout ! préc.

[4] Civ. 2ème, 27 sept. 2012, Bull. Civ. II, n° 155 ; Soc. 25 sept. 2013, Gaz. Pal. 8-10 déc. 2013, p. 26, obs. C. Bléry.

[5] E. de Leiris, Communication électronique, préc.

[6] Ibid.

[7] Arr. du 5 mai 2010, JORF n° 0111 du 15 mai 2010, p. 9041.

[8] C. Bléry et J.-P. Teboul, Communication par voie électronique et procédure orale : rencontre du troisième type, préc.

procédure tels que la déclaration d'appel ou la constitution d'avocat avec les pièces qui lui sont associées[1]. La dématérialisation avait donc vocation à occuper une place très restreinte au sein des procédures orales, en raison de l'impossibilité de dématérialiser les actes verbaux, prépondérants au sein de cette procédure. De plus, elle avait aussi des difficultés à s'y insérer en raison des modalités d'exercice de la procédure orale.

Aussi, l'exercice de l'oralité paraît en contradiction avec la possibilité d'appliquer le titre XXI à ce type de procédure. Il découle des arrêtés techniques que tous les acteurs de la procédure civile ne sont pas concernés par la dématérialisation et les transmissions par voie électronique. Dans l'optique de mettre en place un système garantissant une sécurité, une fiabilité et une intégrité maximales des échanges, ce sont des réseaux privés interconnectés qui ont été mis en place[2]. Dès lors, les parties elles-mêmes sont exclues de fait de ce système de communication, réservé aux professionnels. La transmission par voie électronique reste subordonnée à la représentation des parties par un avocat[3]. Or, les procédures orales sont par nature des procédures sans représentation obligatoire. Les juridictions d'exception sont caractérisées par le fait que les parties peuvent se défendre elles-mêmes[4]. Les plaideurs non représentés ne peuvent donc transmettre leurs prétentions, moyens et pièces par voie électronique et doivent utiliser les supports traditionnels. Pour cette raison, l'imposition de la communication par voie électronique au sein de toutes les juridictions devant lesquelles la représentation n'est pas obligatoire paraissait très difficile. Prescrire la représentation obligatoire par avocat ne serait pas non plus une solution opportune car cela induirait peu à peu la disparition des procédures orales, au profit de la procédure écrite qui serait dès lors imposée devant ces juridictions d'exception[5]. Or, les procédures suivies devant ce type de tribunaux sont adaptées à des litiges de nature différente de ceux traités devant les juridictions de droit commun. Pourtant, avec le décret du 1er octobre

[1] Ibid.

[2] Not. RPVA pour les avocats, RPVJ pour les juridictions, RPSH pour les huissiers de justice.

[3] C. Bléry et J.-P. Teboul, Communication par voie électronique et procédure orale : rencontre du troisième type, préc.

[4] Not. Art. 827 CPC pour le TI et la J. Proximité ; art. 853 CPC pour le T. Com. ; art. 931 CPC pour la procédure d'appel sans représentation obligatoire ; art. R. 121-6 C. Pr. Ex. devant le JEX.

[5] Ibid.

2010[1], c'est « une métamorphose de la procédure orale, c'est-à-dire un changement complet d'état, passant de la forme orale à la forme écrite »[2] qui a été opérée. Les écrits ont désormais une véritable valeur procédurale[3], et accèdent ainsi à leur potentielle dématérialisation.

La place des écrits dans l'oralité a récemment été renforcée par le décret du 6 mai 2017[4]. L'article 446-2 du code de procédure civile est retouché. Quand les débats sont renvoyés à une audience ultérieure et que le juge organise les échanges entre les parties, il n'est plus nécessaire que celles-ci soient d'accord pour qu'il fixe des délais. Seul leur avis est relevé par le juge. Toutefois, leur accord est toujours nécessaire pour fixer les conditions de communication de leurs prétentions, moyens et pièces. L'article poursuit en précisant que si toutes les parties sont représentées par un avocat et si elles communiquent par écrit, leurs conclusions doivent être qualificatives et récapitulatives. Les règles régissant les écrits sont alignées sur celles de la procédure écrite[5], conséquence de l'intervention croissante des avocats en la matière alors même que celle-ci n'est pas obligatoire. Ces derniers communiquant par le biais du réseau privé virtuel avocat, il est possible d'affirmer que les échanges dématérialisés prendront de plus en plus de place au sein des procédures orales.

L'élargissement de l'utilisation des nouvelles technologies en procédure orale est encore conforté par le déclin du principe de l'oralité. En effet, le décret du 20 mai 2016[6] a réformé l'appel en matière prud'homal, désormais régi par la procédure avec représentation obligatoire, dont l'article 930-1 du code de procédure civile instaurant la communication par voie électronique obligatoire. Les parties doivent être représentées par un avocat ou un défenseur syndical[7]. Certains auteurs ont relevé le rapprochement des procédures applicables devant la cour d'appel[8]. En matière sociale, les actes de procédure en appel doivent être remis par voie électronique si une partie est représentée par un avocat.

---

[1] Décr. n° 2010-1165 du 1er oct. 2010, JORF n° 0230 du 3 oct. 2010, p. 17986.
[2] E. de Leiris, Communication électronique, préc.
[3] C. Bléry et J.-P. Teboul, Communication par voie électronique et procédure orale : rencontre du troisième type, préc.
[4] Décr. n° 2017-892 du 6 mai 2017, JORF n° 0109 du 10 mai 2017, texte n° 114.
[5] Cf. infra n° 35, 39 et art. 446-2, 753 et 954 du CPC.
[6] Décr. n° 2016-660 du 20 mai 2016, JORF n° 0120 du 25 mai 2016, texte n° 30.
[7] Art. R. 1453-2 et R. 1461-1 du code du travail.
[8] V. Orif, Le rapprochement entre la procédure prud'homale et le droit commun procédural, Gaz. Pal., 30 août 2016 n° 29 p. 47.

Cette évolution constitue un progrès dans la généralisation de l'usage de la voie électronique. Le déclin de l'oralité au profit de l'expansion de la procédure écrite est en lien avec la promotion des nouvelles technologies en procédure civile. Toutefois, le défenseur syndical ne pouvant utiliser le réseau privé virtuel avocat, l'article 930-2 du code de procédure civile créé par le décret écarte à son égard l'application de l'article 930-1. Les actes devront donc être établis sur support papier. Les deux supports coexistent dans cette procédure.

Ainsi, la procédure orale peut bénéficier des avantages liés à la dématérialisation.

16. Application restreinte – S'il paraissait difficile voire impossible de rendre la procédure orale compatible avec la dématérialisation, la réforme opérée par le décret du 1er octobre 2010[1] a permis cette adéquation. Face à la place grandissante des écrits en procédure orale, liée à l'intervention de plus en plus fréquente des avocats, un alignement avec les écrits procéduraux a été opéré par le décret[2]. Le caractère oral de la procédure a d'abord été réaffirmé à l'article 446-1, alinéa 1er, du code de procédure civile. Puis, dans les dispositions propres à la procédure orale a été introduite la possibilité pour les parties de présenter leurs prétentions et leurs moyens par écrit sans se présenter à l'audience. Selon les termes de l'article 446-2 du code, ces échanges peuvent suivre le rythme d'un calendrier procédural qui serait mis en place lors d'une première audience. Les dates des prétentions entre les parties sont alors celles de leur communication. Le décret offre une pluralité de modèles utilisables devant chaque juridiction appliquant la procédure orale[3]. Un choix est donc proposé aux justiciables. Cette réforme a rendu possible un changement de nature de la procédure orale, se rapprochant d'une procédure écrite[4]. Une mise en état de l'affaire, semblable à celle pratiquée devant les juridictions de droit commun peut être mise en place. Mais ce qui est ici primordial au regard de la dématérialisation des procédures, est la consécration par le décret d'un rôle des écrits dans la procédure orale. L'introduction d'un statut règlementaire de l'écrit rend

---

[1] Décr. n° 2010-1165 du 1er oct. 2010, JORF n° 0230 du 3 oct. 2010, p. 17986.
[2] C. Bléry et J.-P. Teboul, Communication par voie électronique et procédure orale : rencontre du troisième type, préc.
[3] C. Bléry, D. Lambrey de Souza, M. Picot-Persin et J.-P. Teboul, RPVA devant le tribunal de commerce de Versailles : regards croisés de la théorie et de la pratique, JCP G n° 8, 24 fév. 2014, 224.
[4] C. Bléry et J.-P. Teboul, Communication par voie électronique et procédure orale : rencontre du troisième type, préc. ; E. de Leiris, Communication électronique, préc.

envisageable l'adoption d'arrêtés techniques en vertu de l'article 748-6 du code de procédure civile afin d'étendre la dématérialisation et la communication par voie électronique[1]. Il faut saluer cette réforme, marquant un pas de plus vers la dématérialisation des procédures, sans imposer la voie électronique aux justiciables, ce qui permet une introduction en douceur des nouvelles technologies en procédure orale.

Les parties représentées par leurs avocats peuvent désormais bénéficier de cette forme de communication à la condition qu'un arrêté soit pris pour organiser la communication par voie électronique. Si cette mise en œuvre paraît effective, elle est cependant très limitée, n'étant possible à ce jour que devant les tribunaux de commerce[2]. En effet, si la dématérialisation des échanges est en théorie possible devant les juridictions d'exception, cela ne signifie pas qu'elle soit permise. Il faut ici reprendre ce qui a été évoqué plus tôt. Une application du titre XXI du code de procédure civile n'est envisageable que dans la mesure où un arrêté technique du Garde des Sceaux visant la juridiction concernée soit pris[3]. Plusieurs cas sont ici envisagés[4]. Il existe des juridictions qui ne bénéficient pas de l'autonomisation de l'écrit[5] faite par le décret du 1er octobre 2010[6], comme le conseil de prud'hommes, devant lequel l'oralité est renforcée. A d'autres est appliquée la réforme opérée par le décret, mais aucun arrêté technique n'ayant été pris, la communication par voie électronique est ainsi impossible. L'aspect conditionnel de l'application de la voie électronique refait surface ici. L'article 748-6 empêche l'application du titre XXI aux juridictions qui n'ont pas fait l'objet d'un arrêté. C'est notamment le cas du tribunal d'instance, des tribunaux de baux ruraux, ou du tribunal des affaires de sécurité sociale. A ce jour, seul le tribunal de commerce a fait l'objet de l'autonomisation de l'écrit[7] dans sa procédure, par l'article 861-1 du code de procédure civile, et d'un arrêté technique au sens de l'article 748-6 dudit code. Les avocats étant très présents devant cette juridiction, la mise en place de la

---

[1] C. Bléry et J.-P. Teboul, La communication électronique, de la procédure civile avant tout ! préc.

[2] Arr. 21 juin 2013, JORF n° 0146 du 26 juin 2013 p. 10526 et arr. 9 fév. 2016, JORF n° 0046 du 24 fév. 2016.

[3] Cf. Art. 748-6 CPC.

[4] C. Bléry et J.-P. Teboul, Communication par voie électronique et procédure orale : rencontre du troisième type, préc.

[5] Ibid.

[6] Décr. n° 2010-1165 du 1er oct. 2010, JORF n° 0230 du 3 oct. 2010, p. 17986.

[7] C. Bléry et J.-P. Teboul, Communication par voie électronique et procédure orale : rencontre du troisième type, préc.

communication par voie électronique était de fait vivement souhaitée[1]. Ainsi, en cas de représentation des parties, et de choix de l'instruction écrite mise en place par le décret du 1er octobre 2010[2], les échanges au stade de la mise en état pourront se faire par voie électronique via l'outil i-greffes développé par ces juridictions, sous l'égide du juge chargé d'instruire l'affaire[3].

Cette applicabilité restreinte aux tribunaux de commerce démontre qu'actuellement l'extension de la dématérialisation aux procédures orales reste largement inachevée. Néanmoins, la difficulté dans les procédures orales réside dans le fait que beaucoup de justiciables ne se font pas représenter. C'est sans doute avec un certain pragmatisme que les supports traditionnels sont conservés devant la plupart des juridictions d'exception.

17. Par conséquent, la création de règles propres aux nouvelles technologies s'est faite progressivement selon les types de procédure et selon les juridictions concernées. Si l'appréhension de la dématérialisation s'est faite de manière plus aisée dans les juridictions de droit commun, il faut néanmoins constater un élargissement aux procédures orales, qui peu à peu s'approprient ces nouvelles technologies. L'entrée en vigueur du titre XXI du code de procédure civile a permis une application pragmatique des nouvelles technologies à la procédure civile. Mais un autre phénomène lié à l'expansion de celles-ci doit être relevé. Il consiste en l'adaptation critiquable des règles de procédure elles-mêmes aux nouvelles technologies.

§2 : L'adaptation contestable des règles de procédure aux nouvelles technologies

18. Le pouvoir règlementaire a contribué à l'intrusion des nouvelles technologies de l'information et de la communication en procédure civile par une prise en compte de ces dernières au sein des règles de procédure. Il est vrai que le phénomène de la dématérialisation ne pouvait être ignoré, car il sert à moderniser le procès civil[4]. Mais il appert néanmoins

---

[1] C. Berrebi, L'expansion de e-barreau ou la réalité du terrain, à propos de la communication électronique dans les procédures devant les tribunaux de commerce, Gaz. Pal., 9 juill. 2013, n° 190, p. 10.
[2] L. Cadiet et E. Jeuland, Droit judiciaire privé, op. cit., p. 28.
[3] G. Huvelin, Quand pourrons-nous notifier au tribunal de commerce des messages par RPVATC et lesquels ? Gaz. Pal., 1er mars 2014, n° 60, p. 9.
[4] L. Cadiet et E. Jeuland, Droit judiciaire privé, op. cit., p. 28.

que, de manière discutable, les règles de procédure se sont adaptées aux nouvelles technologies. Parfois, le dispositif dématérialisé ne peut offrir les mêmes garanties que celui sur support papier. Cela nécessite une critique, car la démarche d'équivalence mise en place est donc impossible (A). Aussi, la dématérialisation des procédures a introduit la notion de cause étrangère en procédure civile, dont l'appréciation est ambiguë (B).

A. Une démarche d'équivalence parfois impossible : l'exemple symptomatique de la signification électronique

19. La signification par voie électronique a été introduite dans le code de procédure civile par l'effet de plusieurs textes[1]. Est ainsi mis en place un nouveau mode de signification des actes. En effet, l'article 662-1 alinéa 1er dudit code précise que « les articles 654 à 662 ne sont pas applicables » à cette signification. Cependant, il est possible d'affirmer que la signification par voie électronique n'offre pas aux justiciables les mêmes garanties que son homologue sur support papier.

20. Respect du contradictoire négligé – La signification est érigée en principe dans le code de procédure civile. L'article 651 précise que même si la loi prévoit une autre voie de notification, la signification sera toujours possible. Elle est perçue comme une garantie du bon acheminement de l'acte à son destinataire[2]. Elle contribue ainsi au respect du contradictoire. La signification est donc la voie royale pour notifier les actes de procédure[3]. Mais l'homologue de la traditionnelle signification sur support papier, la signification par voie électronique, présente des lacunes juridiques. Elle est dotée d'un régime spécial, tout à fait original par rapport à celui de la signification sur support papier. Présentons brièvement le dispositif mis en place. Le destinataire de l'acte doit avoir donné son consentement à l'utilisation de la voie électronique[4]. La communication est accomplie par le biais du réseau privé sécurisé

---

[1] Loi n° 2010-1609 du 22 déc. 2010 JORF n° 0297 du 23 déc. 2010 p. 22552, décr. n° 2012-366 du 15 mars 2012, JORF n° 0066 du 17 mars 2012, p. 4899 ; arr. 22 mai 2012, JORF n° 0126 du 1er juin 2012 p. 9440 ; arr. 28 août 2012, JORF n° 0202 du 31 août 2012, p. 14049.

[2] G. Mecarelli, S. Poisson, La signification par voie électronique : entre défi technologique et théorie du procès, D. 2012, p. 2533.

[3] C. Chainais, F. Ferrand et S. Guinchard, Procédure civile, droits interne et de l'Union Européenne, op cit., spéc. n° 899, p. 640.

[4] Art. 748-2 CPC applicable à la signification par voie électronique selon l'art. 662-1 al. 1er CPC.

virtuel des huissiers de justice, auquel l'huissier accède par une plateforme, e-huissier. Il va apposer sa signature électronique certifiée sur les actes ainsi envoyés. L'acte sera ensuite mis à la disposition du destinataire dans un coffre-fort électronique[1]. L'huissier informe le destinataire de cet envoi par message SMS ou courrier électronique[2]. Selon l'article 664-1 du code de procédure civile, la date et l'heure de cette signification sont celles de l'envoi de l'acte à son destinataire. Si la connaissance de l'acte se fait le jour de son envoi alors la signification sera faite à personne, à défaut elle sera faite à domicile[3]. En cas de signification à personne, l'article 663 du même code précise que l'original de la signification contiendra les date et heure auxquelles le destinataire de l'acte en a pris connaissance. L'huissier doit aviser le destinataire de la signification de cet envoi le premier jour ouvrable suivant par lettre simple, s'il n'en a pas pris connaissance le jour même aux termes de l'article 662-1, alinéa 3, dudit code[4].

Le code de procédure civile, en son article 14 précise d'ailleurs que « nulle partie ne peut être jugée sans avoir été entendue ou appelée ». Le destinataire d'une citation à comparaître doit effectivement avoir été touché par la convocation qui lui a été adressée[5]. Cette exigence contribue au respect du principe du contradictoire, considéré comme « le plus fondamental des préceptes qui ont vocation à guider l'instance[6] ». L'importance de la mise en place d'un système de notification respectueux des droits de la défense a par ailleurs été affirmée par la Cour Européenne des droits de l'Homme[7]. Mais un auteur a pu soulever le désintérêt critiquable du devenir de l'information transmise en matière de signification par voie électronique[8]. En effet, la date et l'heure de la signification sont celles de l'envoi de l'acte à son destinataire et peu

[1] Art. 8, arr. du 28 août 2012, JORF n° 0202 du 31 août 2012, p. 14049.
[2] Ibid.
[3] Art. 662-1 al. 3 et 748-3 CPC, par le biais d'un avis envoyé dès l'ouverture du coffre-fort électronique.
[4] Pour la présentation du dispositif voir E. de Leiris, Communication électronique, préc.
[5] G. Mecarelli, S. Poisson, La signification par voie électronique : entre défi technologique et théorie du procès, préc.
[6] S. Amrani-Mekki, Y. Strickler, Procédure civile, op cit., p. 374.
[7] « Les tribunaux doivent faire tout ce que l'on peut raisonnablement attendre d'eux pour citer les requérants et s'assurer que ces derniers sont au courant des procédures auxquelles ils sont parties », CEDH 8 janv. 2013 SC Raisa M. Shipping SRL c. Roumanie, req. N° 37576/05, Procédures 2013, comm. 70, obs. N. Fricero.
[8] L. Lauvergnat, Signification électronique et contradictoire : une contradiction, Gaz. Pal., 26 mars 2013, n° 85, p. 13.

importe que l'acte transmis soit effectivement porté à la connaissance de son destinataire. Ce point de vue ne peut qu'emporter l'adhésion, le destinataire peut ne jamais prendre connaissance de l'acte pour des raisons qui ne dépendent pas de sa volonté, comme une panne informatique ou électronique, ou un changement d'adresse mail ou de numéro de téléphone empêchant de recevoir l'alerte envoyée par l'huissier[1]. De plus, aux termes de l'article 663 alinéa 3 du code de procédure civile, ce n'est que lorsque le destinataire a pris connaissance de l'acte le jour même de son envoi que la date et l'heure de cette connaissance sont inscrites sur l'acte. Or cela contrevient aux dispositions de l'article 748-3, applicable à la signification électronique depuis l'arrêté du 28 août 2012[2]. Certes, la contestation de la validité de la signification est possible. En effet, l'article 693 du code de procédure civile précise que ce qui est prescrit notamment aux articles 663 à 665-1 est observé à peine de nullité. Le non-respect des dispositions régissant la signification dématérialisée est une irrégularité de forme pouvant entraîner la nullité de l'acte[3]. Ce seront les articles 112 et suivants qui s'appliqueront, et un grief devra être prouvé par le destinataire. Mais la transmission de l'acte se faisant de manière automatique, il sera difficile de prouver un défaut de diligences matérielles de l'huissier[4]. En effet, celles-ci sont considérablement réduites en la matière. L'huissier doit vérifier que le destinataire s'est connecté à son compte mais n'en prend considération que s'il s'est connecté le jour-même de la transmission de l'acte, et les informations accessibles sont sur un site sécurisé. Le destinataire aura des difficultés à prouver que le formalisme n'a pas été respecté[5]. Il se trouvera privé de toute contestation, si l'huissier a bien respecté la procédure. Etant donné le caractère automatisé de ce mode de notification, l'envoi d'une lettre recommandée avec accusé de réception, au lieu d'une lettre simple, aurait été plus protecteur des intérêts du destinataire. Il a même été proposé un retour à une signification sur support papier en cas de non consultation de l'acte par le destinataire[6]. Du fait de cette indifférence de la connaissance effective de l'acte par son

[1] Ibid.

[2] Aux termes de l'art. 662-1 CPC.

[3] Les irrégularités pour vice de fond étant énumérées limitativement par l'article 117 CPC.

[4] G. Mecarelli, S. Poisson, La signification par voie électronique : entre défi technologique et théorie du procès, préc.

[5] Ibid.

[6] L. Lauvergnat, Signification électronique et contradictoire : une contradiction, préc.

destinataire[1], la signification par voie électronique n'a pas réussi le pari d'être l'équivalent de la signification papier et porte atteinte au principe du contradictoire.

21. Palliatifs insuffisants – Afin de remédier à l'impossible équivalence avec la signification sur support papier, des dispositions ont été imaginées afin de rétablir une sécurité juridique au profit des justiciables. Mais ces palliatifs sont imparfaits et ne permettent pas à la signification par voie électronique d'être l'égale de la signification sur support papier. Comme vu précédemment, ce mode de notification est soumis préalablement au consentement du destinataire, aux termes de l'article 748-2 applicable par l'effet de l'article 662-1 du code de procédure civile. Cet accord doit par ailleurs être mentionné dans l'acte de signification, selon ce même article. Mais l'autorisation donnée ne peut corriger la légèreté du dispositif. En effet, ce n'est que lorsque l'acte est consulté le jour de son envoi par le destinataire, que l'avis de réception produit un effet sur la qualification de la signification[2]. Elle est alors faite à personne, ou, à défaut, à domicile. Mais rien n'est prévu dans le code si aucun avis de réception n'est émis, c'est-à-dire si l'huissier n'a aucune preuve de la connaissance effective de l'acte par son destinataire. Effectivement, un recours est offert à ce dernier, mais seulement si l'huissier n'a pas accompli les diligences qui lui incombaient. Or nous avons souligné la rareté de ce cas en pratique étant donné la quasi-automaticité des envois par réseau privé sécurisé virtuel des huissiers de justice[3]. Du fait du consentement initialement donné, il devient très difficile de contester la validité de l'acte[4]. Or, nous l'avons vu, il est possible que celui-ci ne prenne connaissance de l'acte en raison de circonstances indépendantes de sa volonté. De plus, le consentement donné peut être cantonné par le destinataire lorsqu'il effectue sa déclaration, quant aux actes et quant à la durée[5]. Il peut donc être limité temporellement et substantiellement. Il a pu être noté l'insécurité juridique planant du fait de cette possibilité laissée au destinataire[6]. L'huissier devra donc être particulièrement diligent lorsqu'il vérifiera le

---

[1] Ibid.

[2] Par une lecture combinée des art. 662-1 et 663 CPC.

[3] G. Mecarelli, S. Poisson, La signification par voie électronique : entre défi technologique et théorie du procès, préc.

[4] E. de Leiris, Communication électronique, préc.

[5] Art. 73-1, Décr. n° 56-222 du 29 févr. 1956, JORF du 3 mars 1956, p. 2214.

[6] C. Bléry, in Droit et pratique de la procédure civile, Droits interne et de l'Union Européenne, op cit., spéc. n° 161.282, p. 492.

contenu du consentement[1]. La sanction de l'envoi d'un acte par voie électronique alors que le destinataire n'y aurait pas consenti n'est d'ailleurs pas prévue par le code de procédure civile. En effet, l'article 693 dudit code prévoyant la nullité ne mentionne pas l'article 662-1. Un auteur a proposé l'annulation de la signification pour vice de forme, le consentement serait alors perçu comme une formalité substantielle[2]. Le régime prévu est donc incomplet. Toutes ces raisons montrent que le destinataire est assez démuni, et lui sera opposée une signification valide qu'il ne pourra contester.

22. Ainsi, les efforts déployés pour dématérialiser la signification ne semblent pas parvenir à obtenir une sécurité juridique égale à celle apportée par la voie traditionnelle. Aussi, l'intrusion des nouvelles technologies a apporté des confusions au sein même du code, se traduisant par une difficulté des magistrats à appréhender la notion de cause étrangère.

B. Une interprétation ambiguë des nouvelles notions : l'exemple de la cause étrangère

23. Le code de procédure civile ne donnant pas de définition de la cause étrangère introduite par l'effet de la dématérialisation de la procédure civile, aux articles 748-7 et 930-1, il faut se référer à la jurisprudence pour dégager des pistes de réflexion. Il est nécessaire d'observer que les juges apprécient strictement la notion, et que l'articulation textuelle entre les deux articles précédemment cités n'est pas chose aisée.

24. Interprétation stricte – La notion de cause étrangère a été introduite dans le code de procédure civile à l'occasion de la dématérialisation des procédures. Elle est évoquée au sein de deux articles, l'article 748-7 et l'article 930-1 dudit code. Le premier est applicable à toutes les juridictions, et précise que lorsqu'un acte doit être accompli avant l'expiration d'un délai, et qu'il ne peut être transmis par voie électronique le dernier jour de ce même délai, en raison d'une cause étrangère à celui qui l'accomplit, alors le délai sera prorogé jusqu'au premier jour ouvrable suivant. Dans ce cas, la cause étrangère a un effet

---

[1] Ibid.

[2] E. de Leiris, Communication électronique, préc.

conservatoire[1], se manifestant par une prorogation de délai. Le deuxième n'est applicable qu'à la procédure d'appel quand la représentation est obligatoire. En effet, aux termes de l'article 930-1 du code de procédure civile, les actes de procédure sont envoyés à la juridiction par voie électronique à peine d'irrecevabilité relevée d'office. Quand cette remise n'est pas possible en raison d'une cause étrangère à celui qui l'accomplit, l'acte pourra être établi sur support papier et remis au greffe.

Les articles 748-7 et 930-1 sont incomplets. En effet, aucun d'eux n'a défini la cause étrangère, ni les critères permettant de la caractériser. De plus, un débat doctrinal existe sur cette notion. Certains auteurs considèrent que la cause étrangère est simplement extérieure[2]. D'autres considèrent que la cause étrangère revêt les caractères d'imprévisibilité, d'extériorité et d'irrésistibilité[3]. Le code de procédure civile ne s'étant pas prononcé sur les critères de la cause étrangère, il faut se référer à la jurisprudence pour trouver des éléments de réponse. Si un auteur a pu relever que les caractères de la force majeure n'étaient pas requis[4], les magistrats n'ont pas fait preuve de souplesse dans leur interprétation. Un arrêt a même pu considérer qu'elle « s'apparente à la force majeure en tant que circonstance extérieure, imprévisible et insurmontable »[5]. Néanmoins, un arrêt de la deuxième chambre civile du 25 juin 2015 a précisé que cette qualification découlait d'une appréciation des éléments de preuve qui relève du pouvoir souverain d'appréciation des juges du fond[6]. Egalement, les articles du code de procédure civile ne précisent pas quelle cause peut rendre impossible la transmission par voie électronique. Du fait de cette absence de précision, les juges auraient dû être conduits à adopter une approche extensive de la notion de cause étrangère[7]. Néanmoins, une circulaire d'application de la réforme de la procédure d'appel indique « qu'il ne s'agit pas de pallier une négligence

---

[1] Relevé par P.-H. Antonmattéi, in Contribution à l'étude de la force majeure, préf. B. Teyssié, LGDJ, Bibliothèque de droit privé, t. 220, 1992.
[2] S. Grayot-Dirx, La cause étrangère et l'usage des nouvelles technologies dans le procès civil, Procédures n° 1, janv. 2013, étude 2.
[3] Sous la direction de G. Cornu, Association Henri Capitant, Vocabulaire juridique, op. cit., p. 420.
[4] S. Grayot-Dirx, La cause étrangère et l'usage des nouvelles technologies dans le procès civil, préc.
[5] CA Aix-en-Provence, 31 juill. 2014, RG n° 14/02992.
[6] Civ. 2ème, 25 juin 2015, n° 14-21853, in E. de Leiris, Communication électronique, préc.
[7] S. Grayot-Dirx, La cause étrangère et l'usage des nouvelles technologies dans le procès civil, préc.

imputable à l'auteur de l'acte, mais un dysfonctionnement dans le dispositif d'émission, de transmission ou de réception »[1]. L'analyse de la jurisprudence démontre qu'une interprétation stricte de cette notion est adoptée. Si la cause est issue d'un événement surmontable, ou non extérieur, alors l'irrecevabilité sera prononcée[2]. Ainsi, un arrêt datant du 16 mai 2013[3] a précisé que n'est pas une cause extérieure ni imprévisible à l'avocat postulant l'arrêt maladie de son assistante. De même, une panne électrique interne au cabinet n'est pas une cause étrangère[4]. La Cour de cassation a pu se prononcer sur cette notion de cause étrangère notamment dans un arrêt du 15 mai 2014[5]. En l'espèce, pour prononcer l'irrecevabilité d'une déclaration d'appel, la cour d'appel avait retenu que le retard dans l'installation du raccordement du cabinet de l'avocat au réseau privé virtuel avocat ne saurait constituer une cause étrangère au sens de l'article 930-1. La Cour casse cet arrêt, et à juste raison. En effet, l'avocat avait réclamé son abonnement le 14 octobre 2010 et renouvelé sa demande plusieurs fois. Le matériel nécessaire n'avait été livré qu'en décembre 2011 et installé en février 2012, soit après l'expiration du délai d'appel. Mais en sens contraire, la cour d'appel d'Aix-en-Provence[6] a pu exclure la cause étrangère dans le cas d'un avocat qui n'avait pas reçu le matériel nécessaire au jour de la déclaration d'appel, mais qui ne l'avait commandé qu'une quinzaine de jours plus tôt. Il faut déduire que le critère véritablement déterminant fût le délai entre la demande d'installation du matériel, et son installation effective. Dans la première espèce, plus d'un an s'était écoulé, ce qui ne peut être considéré comme une durée raisonnable contrairement à la quinzaine de jours dans la seconde espèce. Dans un arrêt du 5 janvier 2017[7], la Cour de cassation a confirmé la compétence des juges du fond pour apprécier souverainement l'existence de la cause étrangère. En l'espèce, l'avocat qui n'était pas raccordé au réseau privé virtuel avocat n'a pas pu adresser sa déclaration d'appel. Les juges ont estimé qu'il ne justifiait pas d'une cause étrangère. Cet arrêt démontre une nouvelle fois l'appréciation

[1] Circ. CIV/16/10 du 31 janv. 2011, de présentation de la réforme de la procédure d'appel avec représentation obligatoire.
[2] N. Fricero, Demande en justice et nouvelles technologies : aspects procéduraux, Procédures n° 10, oct. 2014, dossier 5.
[3] CA Grenoble, 16 mai 2013, RG n° 12/04589, Juris-Data n° 2013-022168.
[4] CA Reims, 17 sept. 2013, RG n° 12/02383.
[5] Civ. 2ème, 15 mai 2014, n° 13-16132.
[6] CA Aix-en-Provence, 17 sept. 2015, RG n° 15/06666, Juris-Data n° 2015-021475.
[7] Civ. 2ème 5 janv. 2017, n° 15-28.847.

stricte de la cause étrangère adoptée par les juges. Le dysfonctionnement est en effet souvent attribué à l'avocat[1].

En outre, une nouvelle application de la cause étrangère pourrait survenir en matière sociale. Le décret du 20 mai 2016[2] a réformé la procédure d'appel, qui est désormais avec représentation obligatoire. Les parties à un litige doivent être représentées soit par un avocat, soit par un défenseur syndical[3]. En application de l'article 930-1 du code de procédure civile, l'avocat doit communiquer par voie électronique, sauf s'il prouve l'existence d'une cause étrangère. Contrairement à l'avocat, le défenseur syndical ne communique pas par cette voie[4]. Ces protagonistes n'ont pas le même champ d'intervention, le défenseur syndical pouvant représenter une partie dans un ressort plus large que l'avocat[5]. Dans deux avis du 5 mai 2017[6], la Cour de cassation a précisé que les règles relatives à la postulation, prévues par les articles 5 et 5-1 de la loi du 31 décembre 1971 ne sont pas applicables en ce domaine. Ainsi, une partie peut être représentée par un avocat qui ne fait pas partie du ressort de la cour d'appel saisie du litige[7]. Cependant une difficulté existe en pratique. En effet, les avocats qui interviennent hors de leur ressort se heurteront à l'impossibilité de communiquer par la voie électronique avec la juridiction parce que le réseau privé virtuel avocat ne peut être utilisé que par les avocats établis dans le ressort d'une cour d'appel[8]. Dans l'attente d'un élargissement de l'emploi du réseau, les avocats pourraient invoquer la cause étrangère[9]. Cependant, il n'est pas certain que les juges l'accueillent. Ils pourraient estimer que la partie aurait pu se faire représenter par un avocat établi dans le ressort de ladite cour d'appel[10]. Ainsi, la cause étrangère pourrait ressurgir dans le contentieux par cet obstacle de fait auquel sont confrontés les avocats situés hors du ressort d'une cour d'appel, et admis en théorie à postuler devant toutes les cours.

---

[1] H. Croze, Communication électronique : ne pas compter sur la cause étrangère, Procédures n° 4, avril 2017, comm. 56.
[2] Décr. n° 2016-660 du 20 mai 2016, JORF n° 0120 du 25 mai 2016, texte n° 30.
[3] Art. R. 1461-1 et R. 1453-2 du CDT.
[4] Art. 930-2 CPC.
[5] L. Hamoudi, Le point sur la procédure d'appel en matière prud'homale, op. cit.
[6] Cass. Avis 5 mai 2017 n° 17-70.004 et n° 17-70.005.
[7] Sous la direction de Florence G'sell, Chron. Avocats, JCP G n° 23, 5 juin 2017, doctr. 660.
[8] Not. ibid, et L. Hamoudi, Le point sur la procédure d'appel en matière prud'homale, op. cit.
[9] R. Guichard, Postuler ou ne pas postuler devant les cours d'appel en matière prud'homale, JCP G n° 28, 19 sept. 2016, 977.
[10] Ibid.

25. Articulation textuelle – Les articles 748-7 et 930-1 du code de procédure civile ne sont pas applicables aux mêmes juridictions, et de plus, ils n'entraînent pas les mêmes conséquences[1]. L'article 748-7, visant toutes les juridictions, ne permet qu'une prorogation de délai jusqu'au premier jour ouvrable suivant. L'article 930-1, spécifique à la procédure d'appel, n'a pas le même effet. Il permet une recevabilité ponctuelle des actes sur support papier en cas de cause étrangère empêchant la transmission par voie électronique. D'abord, il faut souligner que la solution de l'article 930-1 est plus favorable que celle de l'article 748-7. Ainsi, elle convient mieux aux situations dans lesquelles la communication par voie électronique est obligatoire, car la seule application de l'article 748-7 serait bien malaisée si le dysfonctionnement perdurait[2]. De plus, l'article 930-1 ne nécessite pour son application aucune condition quant au jour du délai durant lequel survient le dysfonctionnement empêchant la transmission par voie électronique. Dans l'article 748-7 du code de procédure civile, il faut que la partie tente d'envoyer l'acte par voie électronique le dernier jour du délai laissé pour communiquer l'acte. Il est possible de souhaiter que dans une procédure d'appel avec représentation obligatoire, l'article 930-1 s'applique au détriment de l'article 748-7, le spécial écartant le général[3]. Mais ce n'est pas la solution actuellement retenue par la jurisprudence. Dès lors, comment articuler ces textes ?

La doctrine et la jurisprudence semblent être favorables à l'application cumulée de ces dispositions. Un auteur a pu estimer que cette solution était possible et plusieurs situations doivent alors être distinguées[4]. Il considère que si la tentative est formée avant le dernier jour du délai pour envoyer un acte, aucune prorogation de délai ne pourra être accordée en application de l'article 748-7. Dans ce cas, soit la partie accomplit son acte par remise au greffe sur support papier, soit, tant que le délai n'est pas expiré, elle peut persister à essayer d'envoyer l'acte par voie électronique. En effet, la cour d'appel de Pau dans un arrêt du 22 janvier 2014 a appliqué cumulativement ces deux articles. Elle estime que si une cause étrangère affectant le réseau privé virtuel avocat a lieu, l'appelant doit remettre au greffe sa déclaration d'appel sur support

---

[1] Cf. supra n° 24.
[2] E. de Leiris, Communication électronique, préc.
[3] C. Bléry, in Droit et pratique de la procédure civile, Droits interne et de l'Union Européenne, op. cit., spéc. n° 161.252, p. 490.
[4] E. de Leiris, Communication électronique, préc.

papier le premier jour ouvrable suivant[1]. Il faut alors citer un arrêt de la Cour de cassation rendu le 13 novembre 2014. Par cette décision, les juges de la deuxième chambre civile confirment dans un premier temps l'analyse développée plus tôt[2]. La distraction d'un avocat qui avait préparé sa déclaration d'appel, mais ne l'avait pas envoyé dans le délai légal d'un mois n'est pas une cause étrangère au sens des articles 748-7 et 930-1 du code de procédure civile. Les juges excluent la négligence de l'avocat du champ de la cause étrangère. Mais dans cet arrêt, la Cour de cassation a adopté une position plus contestable sur l'articulation des deux articles. Elle les combine mais elle décide que dans le cas où une cause étrangère intervient, il appartient à la partie de remettre l'acte sur support papier au plus tard le premier jour ouvrable suivant l'expiration du délai[3]. Or, ce n'est pas parce qu'un dysfonctionnement intervient que la partie devrait perdre sa possibilité d'envoyer l'acte par voie électronique. Certains auteurs y voient même une forme de régularisation[4]. Il faut ainsi constater que la procédure peut être considérablement alourdie pour des considérations purement techniques, liées à la difficulté d'appréhension de la notion de cause étrangère.

Ces difficultés n'ont pas été résolue par l'intervention récente du pouvoir règlementaire[5] qui conserve les deux articles et même, reprend le phrasé de l'article 930-1 à l'article 796-1 du code de procédure civile. Cette disposition étend la communication par voie électronique obligatoire au tribunal de grande instance dès le 1er septembre 2019 et elle reprend l'hypothèse de la cause étrangère qui empêcherait un envoi par voie dématérialisée, exonérant l'avocat. Les solutions dégagées par la jurisprudence vaudront devant le tribunal de grande instance.

---

[1] CA Pau, 22 janv. 2014, RG n° 14/00271 mais aussi, CA Pau, 14 nov. 2012, Juris-Data n° 2012-028106.

[2] Cf. supra n° 24.

[3] « A supposer même qu'il ait existé une cause étrangère ayant empêché Mme Y d'interjeter appel le 25 mai 2012 au plus tard, il est constant qu'elle n'a pas accompli les diligences de l'article 930-1 du Code de procédure civile dans le délai de l'article 748-7 du même code ; qu'il appartenait en effet à Mme Y de faire appel sur support papier au plus tard le jour ouvrable suivant l'expiration du délai d'appel, soit le mardi 29 mai, les 26, 27 et 28 mai étant respectivement les samedi, dimanche et lundi de Pentecôte 2012 » : Civ. 2ème 13 nov. 2014, n° 13-25035, note C. Bléry, Gaz. Pal., 10 mars 2015, n° 69, p. 19.

[4] Au sens de l'art. 126 CPC, ibid.

[5] Décr. n° 2017-891 du 6 mai 2017, JORF n° 0109, texte n° 113.

Le code de procédure civile modifié par ces décrets du 6 mai 2017 offre à l'avocat une nouvelle possibilité en présence d'un cas de cause étrangère qui est l'envoi des actes de procédure par lettre recommandée avec accusé de réception. L'avocat n'aura pas à se déplacer à la juridiction pour remettre au greffe les actes qu'il n'a pas pu envoyer par voie dématérialisée. Cette retouche du texte est conforme aux qualités de célérité et de simplification inhérentes aux nouvelles technologies.

26. Par conséquent, le législateur a voulu prendre en compte la dématérialisation de manière globale au sein du code de procédure civile. Mais le défaut de généralisation de l'usage des nouvelles technologies permet d'affirmer que cet objectif n'est aujourd'hui pas atteint. L'application des dispositions du titre XXI du code traitant de la communication par voie électronique souffre d'une application disparate. Les nouvelles technologies sont venues compliquer la procédure en introduisant la cause étrangère, qui n'était pas connue de la procédure civile. Les difficultés d'appréhension de cette notion démontrent qu'en voulant simplifier la procédure, l'accélérer, risque d'être introduite une insécurité juridique débouchant sur des débats creux au fond. Par ailleurs, la démarche d'équivalence n'a pas été respectée lorsqu'a été imaginée la signification par voie électronique. Un dispositif imparfait a alors vu le jour, et celui-ci porte atteinte au principe du contradictoire. Néanmoins, la consécration de la dématérialisation des procédures peut avoir des effets bénéfiques sur la procédure civile, et est conforme à l'idée d'une bonne justice.

Section 2 : Une consécration conforme au principe de bonne justice

27. Le principe de bonne administration de la justice est la dette de l'Etat envers les justiciables, le bienfait qu'ils attendent du service de la justice[1]. Ce principe[2] présente une utilité indéniable en ce qu'il permet de mettre en avant une justice rapide, un jugement de qualité[3]. Une bonne administration de la justice repose notamment sur l'absence de retard excessif dans l'obtention du jugement[4]. Les justiciables ont donc droit à ce que la justice soit rendue, mais aussi à ce qu'elle le soit dans un délai raisonnable. Cette exigence est bien sûr contenue dans le principe-même d'une bonne justice, mais s'impose aussi du fait de l'article 6§1 de la Convention européenne de sauvegarde des droits de l'homme et des libertés fondamentales. Il est alors essentiel de prendre en compte cette nécessité dans le droit, et notamment dans les mécanismes procéduraux pour que les tribunaux puissent être à même d'honorer cette obligation. Et les nouvelles technologies font partie intégrante de ces moyens permettant de faire observer le délai raisonnable des procédures. En effet, les réformes en la matière, introduisant les nouvelles technologies en procédure civile, sont essentiellement motivées par des considérations temporelles[5].

Néanmoins, les problématiques de temps ne doivent pas sacrifier la qualité des décisions rendues. Il faut alors rappeler l'affirmation de Monsieur le Doyen Jacques Normand. « La rapidité n'est pas, et elle n'a d'ailleurs pas à être, la préoccupation première de la justice. Ce qui importe avant tout, c'est la qualité des décisions rendues. [...] Cette qualité ne peut être atteinte qu'en consacrant à chaque affaire le temps qu'elle requiert[6]. » Mais les nouvelles technologies ne sont pas

---

[1] Sous la direction de G. Cornu, Association Henri Capitant, Vocabulaire juridique, op cit., p. 133.

[2] Objectif de valeur constitutionnelle depuis Cons. Const. 3 déc. 2009, n° 2009-595 DC, AJDA 2010. 80, étude A. Roblot-Troizier et 88, étude M. Verpeaux ; RFDA 2010, étude B. Genevois.

[3] H. Apchain, Retour sur la notion de bonne administration de la justice, AJDA 2012, p. 587 citant O. Gabarda, L'intérêt d'une bonne administration de la justice, RD publ. 2006. 153, spéc. p. 156 et p. 159-165.

[4] N. Fricero, in Droit et pratique de la procédure civile, Droits interne et de l'Union Européenne, op cit., spéc. n° 212.121, p. 724.

[5] S. Amrani-Mekki, Efficacité et nouvelles technologies, préc.

[6] J. Normand, Le traitement de l'urgence : exception ou principe ?, in Réforme de la justice, réforme de l'Etat (dir. L. Cadiet et L. Richer), coll. Droit et justice, PUF, 2003, p. 159.

indifférentes à ce besoin, et peuvent participer à enrichir la qualité de la justice et des décisions rendues.

Ainsi, les nouvelles technologies favorisent le respect du délai raisonnable de la procédure (§1), tout en améliorant la qualité de la justice (§2).

§1 Le respect du délai raisonnable favorisé

28. Il est prêté de nombreuses vertus aux nouvelles technologies, mais l'une des principales, soulignée par de nombreux auteurs, est celle de leur célérité[1]. Ce caractère leur permet d'être un outil particulièrement efficace dans les réformes visant à accélérer le cours des procédures. Le législateur a donc exploité cette qualité des nouvelles technologies et a procédé à une généralisation progressive de l'usage de celles-ci au sein de la procédure civile. Mais plus que le respect du délai raisonnable de la procédure, c'est vers une célérité de cette dernière que sont orientés les rapports remis au Garde des Sceaux ces dernières années[2]. En effet, face à un phénomène d'encombrement des juridictions, des solutions permettant de contrôler le temps du litige ont été trouvées dans l'emploi des nouvelles technologies de l'information et de la communication.

Ainsi, est constatée une indéniable accélération de la procédure (A) du fait de la dématérialisation de la procédure civile, et la poursuite d'une accélération du temps du procès aboutit à un principe de célérité exacerbé (B).

---

[1] Not. G. Didier, G. Sabater, Dématérialisation des procédures : « une révolution culturelle est nécessaire », JCP G n° 8, 20 fév. 2008, I, 118 ; G. Sabater, Nouvelles technologies et système judiciaire. – Le déploiement de la communication dans les juridictions judiciaires, préc. ; S. Grayot, Le droit à un procès équitable à l'aune des nouvelles technologies, préc. ; S. Amrani-Mekki, Efficacité et nouvelles technologies, préc. ; E. de Leiris, Communication électronique préc.

[2] Not. Rapport de la mission présidée par J.-C. Magendie, Célérité et qualité de la justice – la gestion du temps dans le procès, Doc. Fr., 15 juin 2004 ; Rapport de la mission présidée par J.-C. Magendie, Célérité et qualité de la justice devant la cour d'appel, Doc. Fr., 24 mai 2008.

A. L'indéniable accélération de la procédure

29. Rendre une procédure équitable au profit des justiciables, implique qu'une décision soit rendue dans un délai raisonnable[1]. Par conséquent, le respect d'un tel délai est une obligation s'imposant à l'Etat[2]. L'accélération des litiges est dès lors souhaitable et en ce sens, les nouvelles technologies contribuent à un traitement des affaires plus rapide.

30. Accélération souhaitable – L'introduction des nouvelles technologies de l'information et de la communication en procédure civile a répondu à une nécessité de maîtriser le temps du litige. Ce besoin de réguler le temps du procès, afin d'apporter une réponse à chaque espèce dans un délai raisonnable découle notamment de l'obligation pesant sur l'Etat en vertu de l'article 6§1 de la Convention européenne de sauvegarde des droits de l'homme et des libertés fondamentales. En effet, aux termes de cet article, toute personne a droit à ce que sa cause soit entendue dans un délai raisonnable. Le respect de cette durée préserve la crédibilité de la justice et son efficacité[3]. A défaut, sa lenteur expose l'Etat à une condamnation par la Cour européenne des droits de l'homme. Cette pensée est matérialisée par l'adage anglais « justice delayed, justice denied[4]. » Si l'annulation de la décision ne peut intervenir en ce cas[5], il appert néanmoins que l'Etat devra verser une réparation pécuniaire au justiciable victime d'une procédure qui s'éternise. Les décisions de la Cour ont donc une portée coercitive non négligeable. Un auteur souligne l'obligation de résultat qui incombe à l'Etat de respecter les dispositions de l'article 6§1[6]. Certes, ce dernier va tenter de se dérober en arguant les difficultés rencontrées dans les juridictions, par exemple, l'augmentation du volume des contentieux[7], ou l'encombrement d'un tribunal[8]. Mais la

---

[1] Art. 6§1 CESDH.
[2] Ibid.
[3] F. Sudre, Droit européen et international des droits de l'homme, Coll. droit fondamental, PUF, 11ème éd., 2013, p. 463.
[4] N. Fricero, in Droit et pratique de la procédure civile, Droits interne et de l'Union Européenne, op cit., spéc. n° 212.121, p. 724.
[5] Com. 11 juin 1985, n° 84-11224, Bull. Civ. IV, n° 185 ; Civ. 1ère, 4 janv. 1995, n° 92-20966, Bull. Civ. I, n° 49.
[6] J.-F. Renucci, Droit européen des droits de l'homme, droits et libertés fondamentaux garantis par la CEDH, LGDJ, Lextenso édition, 5ème éd., 2013, p. 369.
[7] CEDH 6 mai 1981, Buchholz c. Allemagne, req. n° 7759/77, Série A, n° 42.
[8] CEDH 6 déc. 2001, Martins Serra et Andrade Cancio c. Portugal, req. n° 43999/98 ; CEDH 8 mars 2001, Minnema c. Portugal, req. n° 39300/98.

Cour européenne des droits de l'homme passe outre ces considérations qui ne peuvent permettre aux Etats de se soustraire à leurs obligations[1]. La nécessité de respecter un délai raisonnable a d'ailleurs été transposée dans le code de l'organisation judiciaire, l'article L. 111-3 précisant que « les décisions de justice sont rendues dans un délai raisonnable. » Son non-respect peut donner lieu à l'engagement de la responsabilité de l'Etat pour faute lourde, conformément à l'article L. 141-1 du même code. Ainsi, confronté à la lenteur du système judiciaire, le législateur va être amené à l'organiser de telle sorte que les cours et les tribunaux soient à même de remplir chacune des exigences imposées par l'article 6§1, dont le respect du délai raisonnable[2]. Et l'accélération du litige, sa modernisation, passent par l'emploi des nouvelles technologies. Le critère de célérité des nouvelles technologies offre la possibilité de respecter l'obligation de délai raisonnable, mais plus que cela, les réformes qui ont été mises en place autour des nouvelles technologies se sont avérées nécessaires pour maîtriser le flux de contentieux.

Cette accélération du traitement des litiges est en effet souhaitable au regard du phénomène d'augmentation des délais des procédures. Il faut constater au XXème siècle une explosion du contentieux[3] et l'association systématique de la justice à une image de lenteur. Il en résulte un engorgement des juridictions, dépassées par le nombre d'affaires à traiter, ayant pour conséquence une augmentation symptomatique des délais de traitement des litiges. Face à ce phénomène, est apparue la volonté des pouvoirs publics de réguler le temps de l'instance. Cette détermination transparaît dans les différents rapports élaborés ayant pour objet de faire des propositions pour corriger le système judiciaire[4]. Ainsi, doit-on « formuler le vœu que, du fait de l'encombrement des juridictions, ou pour toute autre raison, ce temps ne soit pas exagérément prolongé »[5].

Les nouvelles technologies de l'information et de la communication sont évidemment liées à cette problématique de limitation de la durée du

---

[1] N. Fricero, in Droit et pratique de la procédure civile, Droits interne et de l'Union Européenne, op cit., spéc. n° 212.191, p. 732.
[2] CEDH 25 févr. 1993, Dobbertin c. France spéc. §44, Série A, n° 256.
[3] S. Amrani-Mekki, Y. Strickler, Procédure civile, op cit., spéc. n° 231, p. 422.
[4] Rapport de la mission présidée par J.-C. Magendie, Célérité et qualité de la justice – la gestion du temps dans le procès, Doc. Fr., 15 juin 2004 ; Rapport de la mission présidée par J.-C. Magendie, Célérité et qualité de la justice devant la cour d'appel, Doc. Fr., 24 mai 2008.
[5] J. Normand, Le traitement de l'urgence : exception ou principe ?, in Réforme de la justice, réforme de l'Etat (dir. L. Cadiet et L. Richer), op. cit., p. 159.

procès. Elles font partie intégrante des réformes visant à accélérer la procédure. En effet, elles constituent le moyen de parvenir à cet objectif affiché par les différents rapports, et poursuivi par les réformes. Analysées comme permettant la suppression de temps inutiles pour les justiciables dans les litiges[1], leur expansion s'impose, amorcée par le décret du 28 décembre 2005[2] et recherchée par les nombreux textes règlementaires pris en la matière. Pour exemple, elles permettent de supprimer des manipulations inutiles par le greffe[3], ou le déplacement des avocats à la juridiction pour la remise d'actes[4]. La dématérialisation s'est rapidement imposée à la Cour de cassation[5] et la communication par voie électronique a été rendue obligatoire devant les cours d'appel[6]. La réforme opérée au sein des cours d'appel a revalorisé les délais légaux imposant aux parties un calendrier rigoureusement sanctionné au stade de la mise en état[7]. Il est justifié d'arguer de la place centrale des nouvelles technologies en prenant l'exemple de la réforme de la procédure suivie devant les cours d'appel quand la représentation est obligatoire. Il est possible d'affirmer, à notre sens, que l'accélération du cours des litiges traités par ces juridictions est le corollaire de l'imposition de cette forme de communication. En effet, si de tels délais ont pu être exigés au stade de la mise en état, c'est parce que la communication par voie électronique permet des échanges et remises instantanés. La rapidité des communications écourte les délais laissés aux parties. De plus, il faut rappeler que la loi du 25 janvier 2011[8] a supprimé la profession d'avoué à la cour. Désormais, ce sont les avocats qui sont compétents pour la représentation des parties devant les cours d'appel. Or, le ressort territorial d'une cour d'appel peut être assez étendu. L'ouverture aux avocats de la postulation en appel n'a été possible que par l'extension de la communication par voie électronique. Elle permet d'éviter les déplacements, ce qui n'est pas négligeable surtout dans les situations d'éloignement avec les juridictions[9]. Ainsi, une accélération du temps du

---

[1] S. Amrani-Mekki, Le principe de célérité, RFDA 2008, n° 125, p. 52.
[2] Décr. n° 2005-1678 du 28 déc. 2005, JORF n° 302 du 29 déc. 2005, p. 20350.
[3] S. Amrani-Mekki, Efficacité et nouvelles technologies, préc.
[4] Ibid. et A. Coignac, E-barreau et dématérialisation des procédures : « on ne va pas faire une justice virtuelle », préc.
[5] Arr. du 17 juin 2008, JORF n° 0148 du 26 juin 2008, p. 10259.
[6] Décr. n° 2009-1524 du 9 déc. 2009, JORF n° 0287 du 11 déc. 2009, p. 21386.
[7] S. Amrani-Mekki, Y. Strickler, Procédure civile, op cit., spéc. n° 231, p. 423.
[8] L. n° 2011-94 du 25 janv. 2011, JORF n° 0021 du 26 janv. 2011, p. 1544.
[9] L. Cadiet, Le procès civil à l'épreuve des nouvelles technologies. – Rapport de synthèse, préc.

procès s'imposait, avec pour moyen offert au législateur, l'usage des nouvelles technologies.

31. Accélération réelle – S'il y a bien unanimité sur une qualité prêtée aux nouvelles technologies de l'information et de la communication, c'est leur célérité. En effet, leur introduction facilite tant le travail des greffes que celui des auxiliaires de justice. Les échanges entre eux sont simplifiés et dotés d'une plus grande rapidité. Plus que des transmissions sécurisées, les plateformes et réseaux mis en place entraînent un gain de temps appréciable[1]. En effet, les échanges deviennent instantanés[2]. Ainsi, les temps morts passés à envoyer les actes sur support papier, que ce soit aux autres parties du procès ou au greffe, temps ne présentant aucun intérêt aux yeux de l'avancement du litige, disparaissent. La circulation des actes se libère des difficultés liées au support papier[3]. L'emploi des nouvelles technologies de l'information et de la communication supprime des manipulations inutiles par le greffe[4]. Les statistiques relevées dans d'autres pays européens démontrent de leur effet certain en la matière[5]. Elles sont donc au service d'une justice plus efficace, et plus rapide. Egalement, la possibilité faite aux avocats de consulter directement les dossiers tels que tenus par le greffe, et en temps réel, fait gagner un temps appréciable[6]. La dématérialisation du procès permet alors aux juridictions de tenir leurs engagements quant au rendu d'une justice dans un délai raisonnable. Ce temps gagné sera réemployé au profit des justiciables[7].

Mais les nouvelles technologies peuvent mettre en péril leur objectif de rapidité par les difficultés procédurales causées par leur utilisation. Un

---

[1] Cf. Not. G. Didier et G. Sabater, Dématérialisation des procédures : « une révolution culturelle est nécessaire préc. ; G. Sabater, Nouvelles technologies et système judiciaire. – Le déploiement de la communication dans les juridictions judiciaires, préc. ; S. Grayot, Le droit à un procès équitable à l'aune des nouvelles technologies, préc. ; S. Amrani-Mekki, Efficacité et nouvelles technologies ; E. de Leiris, Communication électronique préc.

[2] S. Grayot, Le droit à un procès équitable à l'aune des nouvelles technologies, préc.

[3] L. Cadiet, Le procès civil à l'épreuve des nouvelles technologies. – Rapport de synthèse, préc.

[4] S. Amrani-Mekki, Efficacité et nouvelles technologies, préc.

[5] S. Derlange et A. Errera, L'essor des téléprocédures en France et à l'étranger : vers la justice de demain, préc. : En Autriche, gain de productivité pour les tribunaux suite à la dématérialisation de la procédure estimé à 130 équivalents temps plein et une économie de frais postaux estimée à 3 millions d'euros en 2006.

[6] E. de Leiris, Communication électronique, préc.

[7] S. Amrani-Mekki, Efficacité et nouvelles technologies, préc.

contentieux relatif à leur emploi a surgi en jurisprudence, risquant d'alourdir la procédure pour de pures questions de formes. La jurisprudence a dû alors s'adapter pour préserver l'effet favorable de la communication par voie électronique sur le temps du litige. Dans un arrêt du 20 avril 2017, la Cour de cassation a fait preuve de souplesse[1]. Les juges ont cassé l'arrêt de la cour d'appel qui avait estimé que la transmission des conclusions au fond sous la forme d'un dépôt d'acte contenant la justification de la signification à l'intimée de la déclaration d'appel et des conclusions ne peut valoir comme remise au greffe et comme notification à l'avocat de l'intimé. Les juges ont fait prévaloir l'accomplissement des diligences dans les délais sur la question de la transmission des actes de procédure. Il aurait été contraire à l'essence des réformes relatives aux nouvelles technologies que la partie ait été sanctionnée pour avoir communiqué plusieurs actes dans un même message[2]. L'esprit des textes commande cette souplesse jurisprudentielle au service de l'accélération des procédures.

De plus, les réformes mises en place grâce aux nouvelles technologies, telle que la réforme de la procédure suivie devant la cour d'appel ou même la possibilité de les utiliser en matière de procédure orale[3] réduisent les délais procéduraux. L'élargissement de l'obligatoriété d'emprunter la voie dématérialisée pour communiquer les actes devrait encore contribuer à réduire la durée de traitement des litiges. Deux réformes récentes imposent le recours aux nouvelles technologies. D'une part, le décret du 20 mai 2016[4] étend la représentation obligatoire en matière d'appel prud'homal, imposant de ce fait la communication par voie électronique lorsque les parties sont représentées par un avocat. D'autre part, le décret du 6 mai 2017[5] a introduit l'article 796-1 dans le code de procédure civile qui dispose qu'à peine d'irrecevabilité, les actes de procédure doivent être transmis à la juridiction par voie électronique.

En outre, les nouvelles technologies rythment plus sitrctement la procédure. Auparavant, la mise en état, conduite par les parties, pouvait s'étendre en raison de leur attitude dilatoire ou de l'encombrement des

---

[1] Civ. 2ème 20 avr. 2017, n° 16-14.694.

[2] R. Laffly, Envoi commun de la signification de la déclaration d'appel et des conclusions : portée (à propos de l'arrêt Civ. 2ème 20 avr. 2017, n° 16-14.694), Dalloz actualité, 23 mai 2017.

[3] Cf. supra n° 15 et 16.

[4] Décr. n° 2016-660 du 20 mai 2016, JORF n° 0120 du 25 mai 2016, texte n° 30.

[5] Décr. n° 2017-892 du 6 mai 2017, JORF n° 0109, texte n° 114.

juridictions[1]. Désormais, un réel pouvoir est reconnu au juge de contraindre les parties à s'échanger les actes de procédure pendant des délais précis, et cela réduit le temps des litiges. Cependant, cette « approche calendaire »[2] de la procédure a pu être critiquée[3].

Est également prêté aux nouvelles technologies la capacité de gommer les distances et la notion d'espace[4] ce qui contribue évidemment à constater la réalité de l'accélération du traitement des litiges. La communication par voie électronique permet l'envoi et la remise d'actes de procédure sans qu'il y ait besoin de se déplacer pour qu'il en soit ainsi. L'éloignement des avocats des juridictions est pallié par une proximité virtuelle[5].

Cela est intéressant dans les barreaux marqués par une certaine distance entre la juridiction et le cabinet d'un avocat[6]. La visioconférence est le procédé qui a véritablement cet effet d'effacer les distances[7]. Les audiences et plaidoiries ont été exclues du champ d'application du titre XXI. Elles sont dématérialisées par le biais de la visioconférence, énoncée aux principes généraux du code de l'organisation judiciaire, à l'article L. 111-12[8]. Cet article dispose que les audiences devant les juridictions judiciaires peuvent se dérouler par décision du président de la formation de jugement, d'office ou à la demande d'une partie, et avec le consentement de l'ensemble des parties, dans plusieurs salles d'audience reliées directement par un moyen de télécommunication audiovisuelle garantissant la confidentialité de la transmission. Il est intéressant de remarquer que selon l'alinéa 2 du même article, une ou plusieurs de ces salles d'audience peuvent se trouver en dehors du ressort de la juridiction saisie. La raison d'être de l'intrusion de ce dispositif en procédure civile, est principalement d'éviter aux parties, avocats, experts ou témoins de

---

[1] S. Grayot, Le droit à un procès équitable à l'aune des nouvelles technologies, préc.
[2] J. Junillon et R. Laffly, La communication simultanée des pièces en appel : c'est maintenant !, JCP G 2012, 944.
[3] Cf. infra n° 59.
[4] Rapport de la mission présidée par J.-C. Magendie, Célérité et qualité de la justice devant la cour d'appel, Doc. Fr., 24 mai 2008, p. 27.
[5] F. Desprez, Réforme de la carte judiciaire et visioconférence : d'une proximité physique à une proximité virtuelle, Procédures n° 3, Mars 2008, alerte 6.
[6] S. Grayot, Le droit à un procès équitable à l'aune des nouvelles technologies, préc.
[7] Rapport de la mission présidée par J.-C. Magendie, Célérité et qualité de la justice devant la cour d'appel, Doc. Fr., 24 mai 2008, p. 27.
[8] Inséré dans le COJ depuis L. n° 2007-1787 du 20 déc. 2007, JORF n° 0296 du 21 déc. 2007 p. 20639.

longs déplacements[1] et donc de gagner du temps sur le traitement du litige. De plus, la réforme de la carte judiciaire évoquée par l'auteur en 2007, et initiée par deux décrets[2], a abouti à la suppression de près de quatre cents juridictions, ce qui a éloigné les justiciables des juridictions. La visioconférence permet de pallier cette distanciation qui peut parfois être conséquente. Un juge a pu mettre en exergue l'utilité d'un tel dispositif par exemple pour les instructions menées par les juridictions d'outre-mer, aussi pour entendre un témoin domicilié en métropole ou à l'étranger[3]. La visioconférence peut également avoir un avantage non négligeable en matière de litiges transfrontaliers, lorsque les parties se trouvent dans des Etats différents. Il en résulte une simplification des démarches procédurales[4].

32. Par conséquent, la pression pesant sur le législateur et le pouvoir règlementaire concernant la gestion du temps, est accrue par le phénomène d'encombrement des tribunaux, et les exigences européennes en la matière. Les nouvelles technologies ont réussi le pari d'accélérer les procédures. Elles ont notamment permis de soumettre la phase-clé de mise en état à un calendrier précis, parfois strict. De plus, elles permettent de rapprocher virtuellement les justiciables par l'instantanéité des échanges, et la visioconférence malgré les éloignements géographiques. Mais ces exigences tenant à la durée du procès ont été si priorisées que le besoin de célérité, excroissance du délai raisonnable[5], a été exacerbé.

---

[1] F. Desprez, Réforme de la carte judiciaire et visioconférence : d'une proximité physique à une proximité virtuelle, préc. citant B. Saugey, Rapport fait au nom de la commission des lois sur la proposition de loi adoptée par l'Assemblée nationale, relative à la simplification du droit : JO Sénat, Documents parlementaires, session 2007-2008, n° 36, p. 73 à 75.

[2] Décr. n° 2008-145 du 15 févr. 2008, JORF n° 0041 du 17 fév. 2008 p. 2862 et décr. n° 2008-514 du 29 mai 2008, JORF n° 0127 du 1er juin 2008.

[3] J. Simon-Delcros, Visioconférence : moderniser sans déshumaniser, Gaz. Pal., 11 mai 2010, n° 131, p. 8.

[4] N. Fricero, La mise en état : entre tradition et modernité, in Qu'est devenue la pensée de Henri Motulsky ?, Colloque organisé à l'occasion du quarantième anniversaire de la disparition de Henri Motulsky [1905-1971], Procédures 2012, Dossier 7, note 11 : « Le recours aux TIC permet d'atténuer les obstacles dus au caractère transfrontalier des litiges ».

[5] S. Amrani-Mekki, Y. Strickler, Procédure civile, op. cit., p. 392.

B. Un besoin de célérité exacerbé

33. Le recours aux nouvelles technologies en procédure civile est le fruit d'un phénomène particulier constaté au sein de la matière. Il est représenté par l'émergence d'un besoin de célérité des procédures. Ce nouvel impératif transparaît en filigrane dans les réformes opérées en la matière, en faisant une exigence renforcée. Mais se pose nécessairement la question de son contenu.

34. Notion indépendante – En procédure civile, l'obligation de respecter un délai raisonnable s'impose déjà. Mais alors en quoi l'exigence de célérité est-elle différente de celle-ci ? Il faut remarquer que de nombreux auteurs assimilent célérité et délai raisonnable et parlent d'une notion pour qualifier l'autre[1]. Mais le respect d'un délai raisonnable consiste à sanctionner un Etat, pour une lenteur caractérisée de la procédure[2]. Cette sanction interviendra a posteriori, à l'issue d'un procès mené devant les juridictions internes selon les dispositions du code de l'organisation judiciaire, ou devant la Cour européenne des droits de l'homme qui prononcera une sanction pécuniaire si la violation de l'article 6§1 de la Convention est avérée[3]. Or, l'exigence de célérité ne saurait suffire, à l'instar de la nécessité d'un délai raisonnable, cela serait réducteur[4]. En effet, un auteur remarque qu'elle intervient au contraire a priori pour que soit assurée une procédure ni trop lente, ni trop rapide[5]. Une procédure présentant le critère de célérité peut donc être bien en deçà temporellement du délai raisonnable. Au regard de ces considérations, il faut nécessairement déduire que délai raisonnable et célérité de la procédure ne se confondent pas[6]. Si l'on se réfère à la définition de la célérité telle que déduite de son emploi dans le code de procédure civile, elle est une urgence renforcée justifiant une promptitude particulière d'intervention[7]. La définition évoque le référé d'heure

---

[1] Not. Assimilant l'exigence de célérité au délai raisonnable : N. Fricero, in Droit et pratique de la procédure civile, Droits interne et de l'Union Européenne, op. cit., n° 212.121 et s., p. 724 et s. ; F. Sudre, Droit européen et international des droits de l'homme, op. cit., p. 463 ; J.-F. Renucci, Droit européen des droits de l'homme, droits et libertés fondamentaux garantis par la CEDH, op. cit., p. 365.

[2] Cf. supra n° 30.

[3] Art. 50 CESDH.

[4] S. Amrani-Mekki, Le principe de célérité, préc., p. 46-47.

[5] Ibid.

[6] Ibid.

[7] Sous la direction de G. Cornu, Association Henri Capitant, Vocabulaire juridique, op. cit., p. 154.

à heure de l'article 485 alinéa 2 dudit code. En réalité, cet article est le seul mentionnant le terme de célérité dans le code[1]. Cependant, un auteur précise qu'il n'est pas possible de se satisfaire de cette définition[2] et la célérité ne peut être assimilée à l'urgence. Cet avis ne peut être qu'approuvé, il ne peut être posé pour but aux réformes effectuées de faire en sorte que les décisions tranchant les litiges soient rendues selon une urgence renforcée. Une autre définition fût alors proposée par Didier Cholet et mérite d'être citée. Il précise que la célérité de la procédure est « un ensemble de normes prévoyant des procédures de durées distinctes et adaptées, encourageant la diligence des acteurs du procès et permettant d'obtenir le jugement des procès sans excès de lenteur ou de rapidité[3]. » Les réformes et rapports faisant l'éloge des nouvelles technologies pour leur célérité font justement partie de cet ensemble de normes. Mais, quelle est la valeur de la célérité en procédure civile ?

Il faut remarquer qu'en procédure civile, le code prévoit dans ses vingt-quatre premiers articles un fronton constitué par des principes directeurs, composant un premier chapitre. Ces principes expriment « la conception française du procès civil[4]. » Ils traduisent « l'âme du code »[5], qui tend à l'exigence d'une bonne justice. Or, dans aucun de ces articles n'est mentionné le principe de célérité. Néanmoins l'article 2 précise que les parties doivent accomplir les actes de procédure dans les formes et délais requis. L'article 3 dispose que le juge veille au bon déroulement de l'instance, et qu'il a le pouvoir d'impartir les délais et d'ordonner les mesures nécessaires. De même l'article 15 commande une communication en temps utile des moyens de fait et de droit des parties. L'articulation de ces articles démontre que les principes directeurs se rapportent à un temps maîtrisé de la procédure, mais le principe de célérité n'est pas énoncé expressément[6]. Cependant il serait faux de lui dénier toute valeur. En effet, la célérité inspire les réformes en procédure civile[7].

---

[1] Remarqué également par S. Amrani-Mekki, in Le principe de célérité, préc., p. 46.
[2] Ibid.
[3] D. Cholet, La célérité de la procédure en droit processuel, LGDJ, Bibliothèque de droit privé, t. 466, 2006, n° 283, p. 263.
[4] L. Cadiet et E. Jeuland, Droit judiciaire privé, op. cit., p. 395.
[5] C. Chainais, F. Ferrand et S. Guinchard, Procédure civile, droits interne et de l'Union Européenne, op. cit., p. 313.
[6] S. Amrani-Mekki, in Le principe de célérité, préc., p. 46.
[7] Ibid.

En témoignent les titres des rapports Magendie de 2004 et 2008[1] dans lesquels figure expressément le terme de « célérité ». Des réformes traduisent également cette préoccupation, notamment celle de la procédure suivie devant la cour d'appel quand la représentation est obligatoire[2], la mise en place dans le code d'une « justice de l'urgence[3] » avec la procédure de référé, ou l'introduction des nouvelles technologies en général, motivée par des considérations de temps[4]. Il faut donc déduire que la célérité est un objectif affiché par le réformateur.

L'intrusion des nouvelles technologies contribue alors à la célérité de la procédure, telle que définie par Didier Cholet. Des conséquences procédurales de l'exigence de célérité liées aux nouvelles technologies, très présentes en procédure civile, sont à remarquer. Leur introduction prouve ainsi l'influence de cette notion en la matière.

35. Conséquences procédurales avérées – Il est nécessaire de démontrer que le critère de célérité a de réelles conséquences en procédure civile et que celles-ci impliquent l'usage des nouvelles technologies. Reprenons alors la définition de Monsieur Didier Cholet. Selon lui, la célérité permet d'abord d'adapter le temps au procès, selon ses caractéristiques. Ensuite, elle prescrit de nouvelles obligations procédurales à la charge des parties. Enfin, elle a vocation à favoriser l'obtention d'un jugement sans excès de lenteur ou de rapidité[5]. Pour que la célérité soit conciliable avec l'efficacité et la qualité de la procédure, il a été remarqué que seuls les temps morts, inutiles à l'avancement du litige, doivent être supprimés. La réflexion sur la célérité de la procédure doit amener à distinguer les temps utiles, et les temps devant disparaître[6]. Une célérité imposée indifféremment de la spécificité du litige ne serait pas satisfaisante. En effet, chaque affaire est différente et mérite un temps de réflexion plus ou moins long. Il est évoqué à cet égard un temps sur

---

[1] Rapport de la mission présidée par J.-C. Magendie, Célérité et qualité de la justice – la gestion du temps dans le procès, Doc. Fr., 15 juin 2004 ; Rapport de la mission présidée par J.-C. Magendie, Célérité et qualité de la justice devant la cour d'appel, Doc. Fr., 24 mai 2008.

[2] Décr. n° 2009-1524 du 9 déc. 2009, JORF n° 0287 du 11 déc. 2009, p. 21386.

[3] S. Guinchard, Les métamorphoses de la procédure à l'aube du troisième millénaire, in Clés pour le siècle, Paris II, Dalloz, 2000, p. 1203 ; aussi Quels principes directeurs pour les procès de demain ?, in Mélanges J. Van Compernolle, Bruylant, 2004, p. 240-241.

[4] S. Amrani-Mekki, Efficacité et nouvelles technologies, préc.

[5] D. Cholet, La célérité de la procédure en droit processuel, op. cit., p. 263.

[6] S. Amrani-Mekki, in Le principe de célérité, préc., p. 52.

mesure de l'instance[1]. Or, les délais de transmission des documents sont expressément considérés comme étant des temps inutiles à la progression du litige[2]. Il a été démontré plus tôt que l'usage des nouvelles technologies, particulièrement la communication par voie électronique, permet d'accélérer le procès[3]. En effet, les échanges sont instantanés. Des temps inutiles à l'avancement du litige sont supprimés du fait de la dématérialisation des échanges et remises. Cela concerne les durées qui étaient autrefois consacrées à régler les obstacles liés à l'envoi et la remise des actes sur support papier[4]. De plus, la visioconférence offre un gain de temps particulièrement appréciable en fonction de l'éloignement des parties. Du temps est alors gagné, là où il était perdu auparavant sans intérêt pour les justiciables. Ce temps est redistribué à leur profit : l'objectif de célérité est rempli par l'usage des nouvelles technologies.

Aussi, l'usage des nouvelles technologies permet-il de mettre à la charge des parties des diligences accrues dans le but de respecter le critère de célérité. Le décret du 28 décembre 1998[5] a introduit le principe des conclusions récapitulatives devant le tribunal de grande instance. Les parties doivent alors reprendre dans leurs dernières conclusions les prétentions invoquées dans leurs conclusions antérieures. A défaut, elles sont réputées les avoir abandonnées, et le tribunal statue sur les dernières conclusions déposées. Si cette disposition a été mise en place bien avant la dématérialisation des procédures, elle paraît correspondre à une exigence de célérité. Cela simplifie le travail des juges, et un gain de temps en résulte. Or, l'usage des nouvelles technologies, notamment du traitement de texte, permet de faciliter la reprise des écritures précédentes, sans omettre de prétentions. Mais d'autres obligations concernant les conclusions rédigées par les représentants des parties sont liées aux nouvelles technologies. L'article 954 du code de procédure civile précise que les conclusions sont récapitulatives, mais aussi que les prétentions doivent être récapitulées sous forme de dispositif. La cour ne statuant que sur les prétentions énoncées au dispositif, le travail des juges est ainsi plus aisé.

---

[1] S. Amrani-Mekki, Y. Strickler, Procédure civile, op cit., p. 423.
[2] S. Amrani-Mekki, in Le principe de célérité, préc., p. 52.
[3] Cf. supra n° 31.
[4] L. Cadiet, Le procès civil à l'épreuve des nouvelles technologies. – Rapport de synthèse, préc.
[5] Décr. n° 98-1231 du 28 déc. 1998, JORF n° 302 du 30 déc. 1998, p. 19904.

Les réformes récentes de la procédure civile accentuent les obligations des parties. Le formalisme exigé pour les conclusions est aujourd'hui applicable à l'appel en matière sociale[1]. Et si l'obligation de récapituler les prétentions sous forme de dispositif n'existait à l'origine que devant la cour d'appel, le pouvoir réformateur a étendu cette exigence au tribunal de grande instance et à la procédure orale. Le décret du 6 mai 2017[2] a dans un premier temps modifié l'article 753 du code de procédure civile qui reprend le principe des conclusions récapitulatives, qualificatives et rédigées sous forme de dispositif. Le tribunal ne statue que sur les prétentions énoncées au dispositif et n'examine les moyens au soutien de ces prétentions que s'ils sont invoqués dans la discussion. L'article 954 a également été retouché[3], de sorte que les obligations procédurales à la charge des parties sont alignées en première instance et en appel. Dans un second temps, le décret[4] a créé une telle obligation en procédure orale. L'article 446-2 précise que lorsque les parties représentées par un avocat formulent leurs prétentions et moyens par écrit, les conclusions sont qualificatives, récapitulatives et la juridiction ne statuera que sur les prétentions énoncées au dispositif. De manière plus surprenante, l'article poursuit en énonçant que si elles ne sont pas assistées par un avocat, les parties qui communiquent par écrit peuvent faire le choix de communiquer par le biais d'écritures récapitulatives. En pratique, il est permis de penser que les justiciables qui ne sont pas des professionnels du droit ne mettront pas à leur charge une telle obligation qui pourrait les priver de voir leurs prétentions examinées. Un auteur a pu remarquer que l'introduction de telles dispositions était liée à l'usage des nouvelles technologies permettant de modéliser plus facilement les actes de procédure qui deviennent standardisés[5]. Ainsi, le recours aux nouvelles technologies aide les parties à remplir ces nouvelles obligations mises à leur charge.

Mais la poursuite d'une célérité de la procédure a également conduit le législateur à imposer des calendriers rigoureux aux parties. Comme il a été démontré plus tôt, le décret du 9 décembre 2009[6] a strictement encadré la mise en état en appel, et ces délais ne pouvant

---

[1] V. Orif, Le rapprochement entre la procédure prud'homale et le droit commun procédural, op. cit.
[2] Décr. n° 2017-892 du 6 mai 2017, JORF n° 0109, texte n° 114.
[3] Décr. n° 2017-891 du 6 mai 2017, JORF n° 0109, texte n° 113.
[4] Décr. n° 2017-892 du 6 mai 2017, JORF n° 0109, texte n° 114.
[5] S. Amrani-Mekki, Y. Strickler, Procédure civile, op cit., p. 409.
[6] Décr. n° 2009-1524 du 9 déc. 2009, JORF n° 0287 du 11 déc. 2009 p. 21386.

être prorogés par le conseiller de la mise en état[1], ils s'imposent aux parties avec toute la force conférée aux délais légaux.

Ainsi, les nouvelles technologies sont les meilleures alliées du principe de célérité. Elles permettent tantôt de supprimer les temps inutiles à l'avancement de la procédure, pourchassés par le réformateur, tantôt de favoriser le respect par les parties d'obligations qui sont mises à leur charge justement pour respecter ce critère de célérité.

36. Par conséquent, il se confirme que les nouvelles technologies ont permis d'accélérer le déroulement du procès civil. Cette accélération est permise par la célérité de ces dernières, autorisant une transmission rapide des actes de procédure. Or, ce besoin d'accélération était commandé par l'obligation de rendre des jugements dans un délai raisonnable, et par le principe de bonne justice. D'ailleurs, cette nécessité est tellement présente actuellement que l'on s'est demandé si oui ou non, un principe de célérité existait en procédure civile. Néanmoins, il convient d'affirmer qu'il constitue plus un objectif, vers lequel la procédure doit tendre, qu'un réel principe s'imposant au législateur, n'étant consacré expressément par aucun texte. Mais les nouvelles technologies n'ont pas que la vertu de célérité. En effet, elles contribuent également à l'amélioration de la qualité de la justice.

[1] Le conseiller de la mise en état ne peut que les raccourcir, cf. art. 911-1 CPC.

§2 La qualité de la justice améliorée

37. La dématérialisation des procédures et la communication par voie électronique peuvent contribuer à l'obtention d'une justice de meilleure qualité. Il est vrai que ce n'est pas l'effet le plus mis en avant des nouvelles technologies de l'information et de la communication, la célérité étant leur qualité première. Mais il faut nécessairement constater qu'elles ont un impact positif sur d'autres aspects de la procédure. Et ces effets découlent de la dématérialisation résultant des nouvelles technologies. En effet, les informations qui vont circuler entre les acteurs de la procédure vont être dématérialisées, et seront accessibles plus facilement et rapidement. Le dialogue entre eux sera donc simplifié. Par conséquent, le respect du contradictoire en sera conforté (A). Aussi, les protagonistes au litige vont bénéficier d'un accès garanti aux informations procédurales (B).

A. Le respect du contradictoire conforté

38. La communication par voie électronique renforce le principe du contradictoire. En effet, par la rapidité des échanges, la communication entre les acteurs du procès est interactive. De plus, les règles régissant ce mode de notification assurent aux échanges une force probante difficilement contestable.

39. Communication interactive – Par la possibilité d'envoyer et de remettre les actes de procédure par voie électronique, un mode d'échange rapide est offert aux acteurs de la procédure. En effet, l'interconnexion des réseaux privés virtuels, tels que le réseau privé virtuel avocat, le réseau privé virtuel sécurité des huissiers de justice, ou le réseau privé virtuel justice, permet une transmission prompte des pièces et actes nécessaires à l'avancement du procès. La communication par voie électronique garantit une correspondance directe entre les acteurs du litige. De ce fait, tous les actes de procédure, et les pièces qui leur sont liées, vont leur être immédiatement accessibles via leur ordinateur[1]. Un constat est alors posé, les échanges et remises étant facilités, le respect du principe du contradictoire n'en est que renforcé[2]. Or, l'article 15 du code de procédure civile précise qu'il est indispensable que les parties se communiquent les moyens de fait et de droit sur lesquels se

---

[1] A. Coignac, E-barreau et dématérialisation des procédures : « on ne va pas faire une justice virtuelle », préc.
[2] Ibid.

fondent leurs prétentions, ainsi que les pièces à leur appui, en temps utile. Et l'observation de cette nécessité de bonne justice, de bonne contradiction est consolidée par l'usage des nouvelles technologies. En effet, est remarqué le caractère instantané de la transmission, affranchie des complications liées à un envoi sur support papier[1]. La prise de connaissance de l'acte va pouvoir se faire en temps réel, ce qui renforce le contradictoire et facilite le respect du délai utile de communication des actes et des pièces de procédure. La partie rapidement avisée de ce que son adversaire a communiqué, par exemple, de nouvelles écritures, va disposer de plus de temps pour lui répondre et organiser sa défense.

De plus, l'intrusion des nouvelles technologies permet une discussion plus fructueuse entre les parties au procès[2]. Après l'introduction des conclusions récapitulatives en 1998 dans le code de procédure civile[3], un phénomène de renforcement des exigences de structuration des écritures perdure. En effet, il a été vu que l'article 954 du code de procédure civile impose devant la cour d'appel, lorsque la procédure implique la représentation obligatoire, que les conclusions soient non seulement récapitulatives, mais également rédigées sous forme de dispositif, la cour ne statuant que sur les prétentions énoncées dans ce dispositif. Cette évolution s'est poursuivie par l'extension de cet impératif à la procédure orale et à la procédure suivie devant le tribunal de grande instance[4]. Or, il a pu être remarqué que ce renforcement est lié au déploiement des nouvelles technologies en procédure civile[5]. Les documents dématérialisés sont en effet uniformisés, souvent même constitués de champs devant être complétés[6] et c'est par exemple le cas pour la déclaration d'appel. Si une critique contre la standardisation des actes de procédure peut être formulée[7], il faut néanmoins reconnaître qu'elle a la faculté de faciliter le travail du juge. Elle contribue aussi à une cohérence des écritures car il est préférable qu'elles soient compréhensibles et construites. Il a même été avancé que la structuration des écritures participe de la mise en état intellectuelle du dossier[8]. De ce fait, le juge

---

[1] L. Cadiet, Le procès civil à l'épreuve des nouvelles technologies. – Rapport de synthèse, préc., et cf. supra n° 31.
[2] S. Grayot, Le droit à un procès équitable à l'aune des nouvelles technologies, préc.
[3] Décr. n° 98-1231 du 28 déc. 1998, JORF n° 302 du 30 déc. 1998 p. 19904.
[4] Cf supra n° 15 et 35.
[5] C. Bléry, in Droit et pratique de la procédure civile, Droits interne et de l'Union Européenne, op. cit., n° 161.93, p. 467.
[6] Ibid.
[7] S. Amrani-Mekki, Y. Strickler, Procédure civile, op cit., p. 409.
[8] H. Croze, Le progrès technique de la procédure civile, préc.

est aidé dans la construction de sa décision. En effet, un auteur souligne que la qualité de la motivation des décisions de justice pourrait s'en trouver consolidée[1]. Il serait plus aisé pour les magistrats, en présence d'écritures dématérialisées, de s'appuyer sur ces dernières. Ces considérations ont ainsi pour conséquence d'améliorer substantiellement le dialogue entre le juge et les parties[2]. La loyauté de la discussion entre les parties a fait l'objet d'un nouveau pas en avant du fait des récentes réformes en procédure civile qui ont aligné la structuration des conclusions en première et en seconde instances[3]. En outre, désormais si de nouveaux moyens sont invoqués par les parties, ils doivent être présentés de manière formellement distincte[4]. L'exigence de loyauté bénéficie de l'emploi des nouvelles technologies aidant à la formalisation des conclusions. Cette nouvelle obligation norme les échanges entre les parties et facilite la tâche du juge[5].

Ce dialogue pourrait être encore plus fluide. En effet, en Angleterre ont été mises en place des conclusions interactives. Le défendeur et le demandeur se répondent sur le même jeu d'écritures envoyé par voie électronique. La lecture des échanges devient alors plus aisée, que ce soit pour le juge ou pour les parties[6]. Il nous semble que l'introduction de ce dispositif en procédure civile française pourrait être un pas de plus vers le renforcement du contradictoire et de la qualité des échanges.

Ainsi, les nouvelles technologies peuvent favoriser le dialogue entre les acteurs du procès, le principe du contradictoire s'en trouvant renforcé. Mais le dispositif mis en place au titre XXI du code de procédure civile, concernant la communication par voie électronique, offre une sécurité juridique accrue, en ce qu'il dispose d'une force probante réelle.

40. Intérêt majeur en matière de preuve – Le principe du contradictoire est aussi renforcé par l'intérêt en matière de preuve que représentent les nouvelles technologies. En effet, l'article 748-3 du code de procédure civile dispose que « les envois, remises et notifications mentionnés à l'article 748-1 font l'objet d'un avis électronique de réception adressé par le destinataire, qui indique la date et, le cas échéant,

---

[1] S. Grayot, Le droit à un procès équitable à l'aune des nouvelles technologies, préc.
[2] Ibid.
[3] Cf supra n° 15, 35 et même n°.
[4] Décr. n° 2017-891 du 6 mai 2017, JORF n° 0109, texte n° 113 et décr. n° 2017-892 du 6 mai 2017, JORF n° 0109, texte n° 114.
[5] N. Fricero L'appel nouveau est arrivé !, op. cit.
[6] S. Amrani-Mekki, Efficacité et nouvelles technologies, préc.

l'heure de celle-ci. Cet avis tient lieu de visa, cachet et signature. » L'envoi d'un avis de réception dès que l'acte de procédure est parvenu à son destinataire est donc une obligation en matière de communication par voie électronique. La mention que l'avis tient lieu de « visa, cachet et signature » lui permet d'être « l'équivalent fonctionnel »[1] d'autres formes de notification nécessitant de tels visa, cachet ou signature. L'avis de réception assure la transmission conforme des actes à ces modes de notifications, tels que la notification entre avocats nécessitant le visa du destinataire aux termes de l'article 673 du code de procédure civile[2]. Aussi, la signification par huissier entre avocats nécessitant un cachet et une signature de l'huissier de justice[3], ou encore la notification en la forme ordinaire contre émargement ou récépissé de l'article 667 du code de procédure civile. D'ailleurs, l'article 748-6 dudit code précise que les procédés techniques utilisés doivent permettre de déterminer de manière certaine la date d'envoi et de réception de l'acte. Ainsi, l'émission d'un avis de réception permet d'effectuer plusieurs types de notifications prévues par le code de procédure civile.

Le code de procédure civile, avec l'article 748-3, innove sur le point de la preuve de la réception de l'acte[4]. Il sera aisé de démontrer que le destinataire de l'acte l'a reçu. Rappelons en outre que l'écrit sous forme électronique a la même force probante que l'écrit sur support papier[5]. Contre un adversaire qui invoquera ne pas avoir reçu l'acte litigieux, l'avis de réception pourra constituer un élément de preuve difficilement contestable. En effet, les avis de réception sont de plus en plus fréquemment envoyés de manière automatique[6]. En outre, il faut ajouter que la mention de la date et de l'heure de la réception de l'acte permet de savoir si une diligence a été ou non accomplie dans les délais prévus, ou de connaître le moment à partir duquel cette diligence a fait courir un délai de procédure[7]. Par exemple, cela permet de s'assurer qu'une déclaration d'appel a bien été faite dans les délais impartis. Ainsi,

---

[1] E. de Leiris, Communication électronique préc.

[2] Cela a notamment été décidé par Civ. 2ème, 15 oct. 2015, n° 14-24322, in E. de Leiris, Communication électronique, préc.

[3] Art. 672 CPC.

[4] H. Croze, Les actes de procédure et les nouvelles technologies, Procédures n° 4, avr. 2010, dossier 4.

[5] Art. 1316-1 C. Civ., sous réserve de la garantie de l'identification de son émetteur, et de son intégrité tant dans son établissement, que dans sa conservation, conditions garanties par les arrêtés techniques cf art. 748-6 CPC.

[6] H. Croze, Les actes de procédure et les nouvelles technologies, préc.

[7] E. de Leiris, Communication électronique, préc.

l'intrusion des nouvelles technologies offre une sécurité probatoire aux parties[1]. Mais alors, quelle est la valeur de cette preuve ?

La jurisprudence a pu donner des éléments de réponse quant à l'appréciation de la force probante de l'avis de réception émis en vertu de l'article 748-3 du code de procédure civile. Les juges ont d'abord reconnu à l'avis de réception la possibilité de servir de preuve de la remise effective de l'acte. En effet, un arrêt de la Cour de cassation en date du 27 juin 2013[2] a affirmé plusieurs choses sur cet avis. Dans un premier temps, quant au point de départ du délai d'un mois laissé à l'appelant pour signifier à l'intimé sa déclaration d'appel, en application de l'article 902 du code de procédure civile, ce délai court à compter de l'avis envoyé par le greffe selon les termes de l'alinéa 2 de ce même article. Dans un second temps, il appartient aux juges du fond d'apprécier souverainement la date des transmissions par voie électronique. Ce dernier point sera confirmé par des arrêts ultérieurs[3]. Mais l'avis de réception envoyé par le greffe a surtout pour fonction de prouver que l'avocat a été diligent et a envoyé les actes de procédure dans le délai qui lui était imparti. Tel était le cas dans un arrêt du 24 septembre 2015 rendu par la deuxième chambre civile[4]. En l'espèce, l'avocat de l'appelant avait envoyé ses conclusions au greffe par voie électronique. N'ayant pas indiqué le numéro de rôle dans ses écritures, le greffe lui envoie un avis de refus de ses conclusions. La Cour de cassation, cassant l'arrêt d'appel, a admis que cet envoi valait remise au greffe à son égard, la réception ayant été attestée par l'avis de refus. La déclaration d'appel n'était donc pas caduque. L'apport de cet arrêt est de prendre en compte la date d'envoi des conclusions, et non de réception afin de savoir si le délai était respecté, et peu importe le moment de l'émission de l'avis de réception par le greffe. Un auteur note l'avantage considérable qu'apporte la communication par voie électronique sur ce point. L'acte pourra être envoyé jusqu'au dernier jour du délai, minuit, indifféremment de l'ouverture du greffe[5]. Il est possible de citer l'arrêt du

---

[1] L. Cadiet, Le procès civil à l'épreuve des nouvelles technologies. – Rapport de synthèse, préc.

[2] Civ. 2ème, 27 juin 2013, n° 12-19945, Bull. civ. II, n° 141, JCP G 2013, 1225, obs. S. Amrani-Mekki.

[3] Civ. 2ème, 26 juin 2014, n° 13-20868, Bull. civ. II, n° 159 ; Civ. 2ème, 16 juin 2014, n° 13-17574, Bull. civ. II, n° 151.

[4] Civ. 2ème, 24 sept. 2015, n° 14-20212, D. 2015, p. 1960, et 2016, p. 449, obs. N. Fricero.

[5] E. de Leiris, Communication électronique, préc.

21 janvier 2016 rendu par la Cour de cassation[1] appuyant la prise en compte jurisprudentielle de la force probante de l'avis de réception. Les juges ont pu décider que l'avis émis par le serveur de messagerie e-barreau de l'avocat destinataire tient lieu de visa au sens de l'article 673 du code de procédure civile, et est donc un avis de réception tout à fait valide au sens de l'article 748-3. De plus, la date de notification est celle de l'émission de cet avis. L'apport essentiel de ces arrêts est de fixer les dates à prendre en considération en matière d'avis de réception des actes de procédure envoyés via le réseau privé virtuel avocat et de régler les litiges quant à leur valeur probante. Cette question n'est pas sans intérêt dans la mesure où les délais instaurés dans la procédure d'appel quand la représentation est obligatoire sont rigoureusement sanctionnés. L'avis de réception va permettre de prouver que l'avocat a accompli les diligences qui lui incombaient dans les temps, et lui éviter, ou non, une sanction rigide comme la caducité de sa déclaration d'appel.

Ainsi, est démontré l'intérêt que peut avoir l'émission d'un avis de réception, sécurisant les échanges.

41. Par conséquent, plus que d'accélérer le cours des procédures, les nouvelles technologies renforcent la qualité du procès. En effet, elles participent au respect du principe du contradictoire. D'une part, du fait de l'interactivité accrue des échanges par ce mode de communication, le dialogue entre les parties et avec les juridictions est plus aisé. D'autre part, grâce à la sécurité juridique offerte par l'avis de réception émis dès que le destinataire reçoit l'acte par voie électronique. Cela a un intérêt probatoire indéniable, et permet également de suppléer aux autres modes de notification[2]. Mais la qualité de la procédure est aussi renforcée par un accès simplifié aux informations procédurales.

B. L'accessibilité des procédures consolidée

42. Les nouvelles technologies contribuent à la qualité du procès civil en facilitant l'accès aux informations inhérentes à la procédure. Cela induit d'une part, un accès plus aisé au dossier du litige, ses actes et ses pièces, tant par les parties, que par les juridictions. D'autre part, cela implique pour les justiciables un accès facilité au droit et aux informations relatives aux procédures.

---

[1] Civ. 2ème, 21 janv. 2016, n° 14-29207, D. 2016, p. 263.
[2] S. Amrani-Mekki, Y. Strickler, Procédure civile, op cit., p. 418.

43. Gestion des litiges simplifiée – La gestion des litiges est confortée par l'utilisation des nouvelles technologies, et ce sur plusieurs points. D'abord, la conservation et l'intégrité des données sont assurées par le dispositif issu du titre XXI du code de procédure civile, ce qui permet la constitution de dossiers informatisés. Ensuite, l'accès à ces informations est garanti pour tous les acteurs de la procédure et cela est un avantage incontestable. Enfin, l'utilisation des nouvelles technologies peut avoir pour effet de simplifier le travail des magistrats.

D'abord, l'article 748-6 du code de procédure civile précise que les procédés techniques utilisés garantissent dans les conditions fixées par arrêté, la conservation des transmissions opérées. Dès lors, l'historique des envois et remises peut être retracé. Cela permet de se prémunir de preuves quant à ces transmissions par voie électronique et d'établir une chronologie des actes[1]. Rappelons que la communication par voie électronique permet de dater précisément l'acte, l'indication de l'heure exacte étant possible par ce procédé. En outre, la conservation des données participe d'une exigence probatoire[2]. Le décret du 28 décembre 2005[3] a par ailleurs introduit dans le code de procédure civile l'article 729-1. Aux termes de ce dernier, le répertoire général, le dossier et le registre peuvent être tenus sur support électronique. L'intégrité et la conservation des informations doivent être assurées. Le répertoire général étant le registre tenu par le greffe contenant les affaires portées devant la juridiction et les dates des décisions intervenues pour ces litiges[4]. Le dossier quant à lui, réunit les éléments relatifs à une affaire comprenant notamment les pièces et les actes de la procédure. Ainsi, ces éléments deviennent dématérialisés.

Ensuite, l'accès à ces informations est facilité, ce qui permet d'améliorer le travail des protagonistes de la procédure, et probablement la qualité du jugement. En effet, pour les avocats, l'application e-barreau, et l'interconnexion des réseaux privés virtuels, leur permet d'avoir accès au bulletin de procédure en temps réel, tel qu'il est tenu par le tribunal et ils peuvent consulter les audiences présentes sur le rôle de la juridiction[5]. Les avocats ont par ailleurs la possibilité d'examiner les dossiers des

---

[1] E. de Leiris, Communication électronique, préc.
[2] Ibid.
[3] Décr. n° 2005-1678 du 28 déc. 2005, JORF n° 302 du 29 déc. 2005 p. 20350.
[4] Sous la direction de G. Cornu, Association Henri Capitant, Vocabulaire juridique, op cit., p. 890.
[5] C. Berrebi, Les procédures immatérielles : état des lieux, préc.

affaires détenus par le greffe, ainsi que leur avancement[1]. Cet accès offre des avantages non négligeables aux parties. En effet, la consultation du dossier électronique contribuerait encore au renforcement du principe du contradictoire et permet une vue en temps réel sur la gestion des litiges opérée par le tribunal[2]. De la transparence est donc offerte aux avocats[3]. Cet accès facilité à l'information est très intéressant car cela n'implique pas un déplacement de la part de l'avocat, qui peut ainsi organiser son travail selon les informations qui lui sont fournies directement par la juridiction. Mais cette prérogative est aussi offerte au juge qui a évidemment un accès au dossier informatisé de la procédure contenant les pièces et les actes afférents. Or, la conservation des échanges entre les parties, permet au juge par l'accès au dossier, de s'y référer, de le consulter, afin d'améliorer la qualité du jugement rendu. Cela profiterait à la valeur de sa motivation[4]. En outre, lorsque les pièces et les actes de procédure sont envoyés à la juridiction par voie électronique, ils seront versés dans un même dossier créé par le greffe. Ce dossier étant accessible par le juge, il pourra vérifier que le principe du contradictoire a bien été observé[5]. En effet, il lui sera plus aisé d'exercer son pouvoir de contrôle de la loyauté des débats[6]. Une bonne justice sera de ce fait assurée, le contradictoire étant l'une de ses composantes.

Enfin, il faut souligner que les nouvelles technologies peuvent être un outil de travail[7]. En effet, elles aident à la modélisation, la structuration des conclusions, concourant au respect des diligences s'imposant à l'avocat[8]. De plus, il faut observer la création de bases de données pouvant notamment assister le juge à construire sa décision. En effet, ces bases de données regroupent la législation et de la jurisprudence, comme la base de données juridiques Légifrance. Par exemple, la Cour de cassation se sert d'une base de données regroupant la jurisprudence des juges du fond, ce qui offre aux magistrats une

---

[1] E. de Leiris, Communication électronique, préc.
[2] Ibid.
[3] A. Coignac, E-barreau et dématérialisation des procédures : « on ne va pas faire une justice virtuelle », préc.
[4] S. Grayot, Le droit à un procès équitable à l'aune des nouvelles technologies, préc.
[5] Devoir lui incombant au titre de l'art. 15 CPC.
[6] M. Attal, F. Gleitz-Winterstein, Communication électronique versus libre accès à la justice par l'avocat, JCP G n° 17, 28 avr. 2014, 498.
[7] S. Amrani-Mekki, Efficacité et nouvelles technologies, préc.
[8] Cf. supra n° 35 et 39.

meilleure visibilité des décisions rendues par les tribunaux des premier et second degrés[1].

Ainsi, les nouvelles technologies peuvent contribuer au rendu d'une meilleure justice en garantissant un accès libre aux informations compilées à l'aide de l'outil informatique. Aussi, elles constituent une aide précieuse à la rédaction tant pour le juge que pour l'avocat, qui peuvent se servir de bases de données, ou d'outils de modélisation de leurs écrits. Mais la dématérialisation des procédures améliore également l'accès au droit des justiciables, et ne concerne donc pas que les « gens de justice »[2].

44. Accessibilité favorisée – Les nouvelles technologies participent tant à l'amélioration de l'accès au droit, qu'à celle de l'accès aux tribunaux.

Dans un premier temps, la dématérialisation de la procédure civile permet d'assurer un accès conforté au droit et aux informations procédurales. L'accès au droit est une notion habituellement utilisée en matière d'aide juridique, étant l'un de ses composants. En effet, elle est définie dans ce cadre comme une partie de l'aide juridique qui comprend l'information des personnes sur leurs droits et obligations, l'aide à la réalisation des droits, la consultation en matière juridique, l'assistance à la rédaction et à la conclusion des actes juridiques, l'assistance au cours des procédures non juridictionnelles[3]. Evidemment dans le cadre de l'étude de l'influence des nouvelles technologies dans l'accessibilité du droit, l'aide juridique ne sera pas abordée. Mais il est possible de prendre appui sur cette définition. L'accessibilité du droit sera ici définie comme l'accès plus ou moins aisé des justiciables à leurs droits, leurs obligations et les moyens permettant de les exercer ou les sanctionner. Aussi, il convient d'évoquer l'accessibilité des justiciables aux informations dématérialisées concernant les litiges dans lesquels ils sont impliqués. Sur ce point, il faut préciser que l'avocat représentant les parties ayant une vue sur le dossier électronique de l'affaire tel que tenu par la juridiction[4], il pourra informer ses clients de l'avancement du traitement

[1] S. Grayot, Le droit à un procès équitable à l'aune des nouvelles technologies, préc.
[2] H. Croze, Choc de simplification procédurale ? A propos du décret n° 2015-282 du 11 mars 2015, JCP G n° 13, 30 mars 2015, 356.
[3] Sous la direction de G. Cornu, Association Henri Capitant, Vocabulaire juridique, op cit., p. 50.
[4] Cf. supra n° 31.

du litige de manière régulière[1]. L'accessibilité du droit est encore renforcée par les nombreuses informations que les justiciables peuvent trouver sur internet. La réforme de modernisation de la justice du XXIème siècle, engagée par la loi du 18 novembre 2016[2] a pour ambition de rendre la justice plus accessible grâce à l'utilisation des nouvelles technologies. Le site justice.fr a été lancé par le garde des Sceaux dans le cadre de cette réforme d'ampleur. C'est un portail unique d'accès au droit destiné aux citoyens. Une évolution du site est prévue. A l'avenir, les justiciables pourront consulter l'état de leurs affaires pendantes devant les juridictions. Les informations qu'ils trouvent sur Internet leur assurent une meilleure connaissance de leurs droits, du système juridique, mais aussi leur permettent de télécharger des formulaires de saisine des juridictions, ou de demande d'aide juridictionnelle[3]. Les nouvelles technologies rendent le droit plus intelligible et aident les justiciables dans l'exercice de leurs prérogatives. Cette accessibilité est encore renforcée en matière européenne. En effet, lancé en 2010, le portail e-justice a pour objectif d'améliorer l'accès des citoyens européens au droit. Ce site est un « guichet unique[4] » contenant de multiples informations quant au droit, que ce soit le droit européen, ou le droit des Etats membres. Il permet également de se renseigner sur la jurisprudence et les systèmes judiciaires de ces Etats. Aussi guide-t-il les justiciables quant aux modalités de l'action qu'ils souhaitent entreprendre. Mais les autres acteurs de la procédure peuvent y trouver une aide certaine grâce à des outils d'aide aux praticiens présents sur le site. Ainsi, les nouvelles technologies de l'information et de la communication ont la vertu d'améliorer l'accès au droit par la création de bases de données regroupant des informations tant sur le droit, que sur les procédures, exploitables par les praticiens et par les justiciables. Et la dématérialisation de ces informations se fait à grande échelle, dépassant l'échelon national.

Dans un second temps, les nouvelles technologies améliorent également l'accès à un tribunal. Le droit d'accès aux tribunaux est le droit pour tout citoyen de s'adresser librement à la justice pour la défense de ses intérêts, même si sa demande doit être déclarée irrégulière,

---

[1] A. Coignac, E-barreau et dématérialisation des procédures : « on ne va pas faire une justice virtuelle », préc.

[2] L. n° 2016-1547 du 18 nov. 2016, JORF n°0269 du 19 nov. 2016, texte n° 1.

[3] S. Amrani-Mekki, Efficacité et nouvelles technologies, préc.

[4] M-C. de Lambertye-Autrand, Regard européen sur l'introduction des nouvelles technologies dans le procès civil, Procédures n° 4, avr. 2010, dossier 6.

irrecevable ou mal fondée[1]. Ce droit est garanti par la Cour européenne des droits de l'homme, qui voit dans le droit au procès équitable un droit d'accès à un tribunal, un droit au juge[2]. Cette consécration a été reprise en droit interne. Le Conseil constitutionnel considère depuis 1973 que le droit au juge est un droit à caractère constitutionnel[3], et a pu confirmer sa solution ultérieurement[4]. La Cour de cassation a, en assemblée plénière, également affirmé toute l'importance de ce droit[5]. Les Etats ont alors l'obligation d'assurer l'effectivité de ce droit[6], et des considérations de fait ne sauraient entraver l'exercice d'un recours devant les juridictions[7]. Or, les nouvelles technologies aident à assurer ce droit au juge des justiciables. En effet, la visioconférence, régie en droit interne par l'article L. 111-12 du code de l'organisation judiciaire permet de dématérialiser les audiences et plaidoiries[8]. La visioconférence remédie aux distances existantes entre les acteurs du procès, que ce soit les parties, la juridiction, ou les avocats. Ainsi, il a pu être soutenu que cette utilisation des nouvelles technologies rapproche les justiciables des juridictions et facilite de ce fait l'accès au juge[9]. Effectivement, elles instaurent une « proximité virtuelle »[10] malgré l'éloignement géographique. Participent à assurer le droit au juge la rapidité de cette forme d'audition, et son moindre coût, comme l'a pertinemment fait remarquer un auteur[11], qui démontre l'utilité de la visioconférence notamment en matière prud'homale où la comparution personnelle des parties est une exigence forte. Mais le droit d'accès à un tribunal est encore renforcé en droit de l'Union Européenne par l'usage des nouvelles

---

[1] Sous la direction de G. Cornu, Association Henri Capitant, Vocabulaire juridique, op cit., p. 10.
[2] CEDH 21 févr. 1975, Golder c. Royaume-Uni, req. n° 4451/70, Série A, n° 18, Berger 12ème éd., 2011, n° 63, p. 203 ; R. Pelloux, L'affaire Golder devant la Cour européenne des droits de l'homme, AFDI 1975, 330.
[3] Cons. Const. 27 déc. 1973, n° 73-51 DC, taxation d'office, in L. Favoreu et L. Philip, GDCC, 17ème éd., Dalloz, 2013, n° 21.
[4] Se fondant sur l'art. 16 de la DDHC, Cons. Const. 9 avr. 1996, n° 96-373 DC, AJDA 1996, 371, obs. Shrameck.
[5] Ass. Plén. 30 juin 1995, n° 94-20302, Bull. Ass. Plén., n° 4.
[6] CEDH 9 oct. 1979, Airey c/ Irlande, Série A, n° 32, GACEDH, 2011, PUF, n° 2, obs. Sudre.
[7] N. Fricero, in Droit et pratique de la procédure civile, Droits interne et de l'Union Européenne, op. cit., n° 211.31, p. 673.
[8] Cf. supra n° 11 et 31.
[9] S. Amrani-Mekki, Efficacité et nouvelles technologies, préc.
[10] F. Desprez, Réforme de la carte judiciaire et visioconférence : d'une proximité physique à une proximité virtuelle, préc.
[11] S. Amrani-Mekki, Efficacité et nouvelles technologies, préc.

technologies. En effet, des procédures en matière civile ont été dématérialisées, ce qui facilite les litiges transfrontaliers. Notamment, l'injonction de payer européenne[1], qui est une procédure simple permettant de recouvrer des créances transfrontalières civiles et commerciales dont le montant n'est pas contesté. Cette procédure est uniforme et basée sur l'envoi de formulaires types mis à la disposition des justiciables sur le site e-justice, traduits dans plusieurs langues. Le site guide les justiciables vers la juridiction compétente, à laquelle le formulaire doit être adressé. La juridiction examinera la demande et si elle est recevable, elle délivrera une injonction de payer qui sera signifiée ou notifiée par elle au défendeur. Le déroulement de ce type de litiges transfrontaliers a été considérablement simplifié par l'usage des nouvelles technologies, l'action étant plus accessible aux justiciables de l'Union Européenne[2]. Une autre procédure a été facilitée par les nouvelles technologies dans l'Union, le règlement des petits litiges[3]. Pareillement, il conviendra de remplir un formulaire disponible sur le portail e-justice, accompagné des pièces utiles et de l'envoyer à la juridiction compétente, qui statuera après une réponse éventuelle du défendeur. La décision rendue sera exécutoire dans un autre Etat membre. Selon le site, cette procédure a pour objet d'accélérer et de simplifier le traitement de ces litiges dont le montant doit être inférieur à 2 000 euros[4]. L'utilisation du portail e-justice rend effectif l'accès au juge en aidant les justiciables dans l'exécution de leurs droits.

Ainsi, les nouvelles technologies contribuent à l'accessibilité des justiciables au droit, en améliorant la consultation des informations relatives à leurs droits et aux procédures à suivre devant les juridictions. Cela est illustré par la création de bases de données, et de sites mettant ces informations à leur disposition. Mais elles permettent également de rapprocher le justiciable des juridictions, tant par l'usage de la visioconférence, que par la simplification de certains litiges au niveau européen.

---

[1] Règlement (CE) n° 1896/2006 du Parlement européen et du Conseil du 12 déc. 2006 instituant une procédure européenne d'injonction de payer.

[2] Présentation de la procédure : https://e-justice.europa.eu/content_order_for_payment_procedures-41-fr.do.

[3] Règlement (CE) n° 861/2007 du Parlement Européen et du Conseil du 11 juill. 2007 instituant une procédure européenne de règlement des petits litiges.

[4] Présentation de la procédure : https://e-justice.europa.eu/content_small_claims-42-fr.do.

45. Par conséquent, il faut constater que les nouvelles technologies ont suscité un réel engouement en procédure civile. Moyen privilégié du réformateur pour moderniser la procédure civile, elle se sont imposées avec force à partir du texte fondateur du 28 décembre 2005[1]. Au fil des règlements, la dématérialisation a gagné du terrain, tant au sein des juridictions, que dans le domaine des actes de procédure. Mais la généralisation de l'usage des nouvelles technologies a été maîtrisée, car l'application du titre XXI du code de procédure civile est soumise à la prise d'un arrêté selon l'article 748-6 dudit code. Cependant, cette expansion ne s'est pas fait attendre. En témoigne une consécration forte notamment au sein de la Cour de cassation, mais aussi de la cour d'appel où la communication par voie électronique est devenue obligatoire et a supplanté le support papier. La dématérialisation du procès civil s'est imposée en procédure orale, milieu dans lequel on ne l'attendait pas, sans remettre en cause ses fondements. Elle est devenue un phénomène prolifique, aucun type d'acte de procédure n'a été épargné. En effet, la dématérialisation a même touché la voie royale de notification[2] : la signification. Mais l'intrusion des nouvelles technologies n'a pas toujours trouvé l'équilibre entre modernisation du procès et respect des droits des justiciables. En effet, certaines innovations procédurales n'ont pas réussi le pari d'être l'équivalent en matière de sécurité juridique des modes de notification sur support papier, et tel est l'exemple de la signification électronique. Aussi, à trop vouloir accélérer le déroulement de la mise en état de la procédure avec représentation obligatoire devant la cour d'appel, le réformateur a pu induire la confusion dans les juridictions avec la notion de cause étrangère, difficile à appréhender. Néanmoins, il faut reconnaître de nombreuses qualités aux nouvelles technologies de l'information et de la communication. Leur vertu principale est d'accélérer le procès civil, permettant de respecter le délai raisonnable des procédures et de rendre le traitement des litiges plus rapide. De même, et cet effet est peut-être moins évident à percevoir, elles contribuent à une justice de qualité, en renforçant le respect du principe du contradictoire, et en assurant un meilleur respect du droit des justiciables au juge.

---

[1] Décr. n° 2005-1678 du 28 déc. 2005, JORF n° 302 du 29 déc. 2005 p. 20350.
[2] C. Chainais, F. Ferrand et S. Guinchard, Procédure civile, droits interne et de l'Union Européenne, op cit., spéc. n° 899, p. 640.

Mais, bien qu'étant à l'origine un simple moyen de moderniser la procédure civile, les nouvelles technologies bouleversent parfois ses fondements[1]. Effectivement, leur intégration en la matière perturbe ses aspects fondamentaux, et démontre qu'elle est perfectible. Elles peuvent avoir des effets indésirables en ce qu'elles comportent des risques au regard de garanties procédurales dont doivent bénéficier les justiciables.

[1] E. de Leiris, Communication électronique, préc.

Chapitre 2 : Les risques des nouvelles technologies en procédure civile

46. Comme observé dans la première partie de cette étude, les nouvelles technologies ont fait une entrée remarquable en procédure civile, et leur usage, surtout au service de la transmission des actes de procédure[1], s'est démocratisé. Mais le phénomène de dématérialisation n'est pas anodin. Si les nouvelles technologies sont parfois vues comme un simple outil au service des autres formes de notification[2], elles ont pourtant des conséquences sur la matière qui sont loin d'être négligeables. En effet, il a pu être affirmé que « la communication [par voie] électronique porte en germe de profonds bouleversements de la structure même du procès civil[3] ». Cette deuxième partie sera axée sur les risques engendrés par l'introduction des nouvelles technologies de l'information et de la communication en procédure civile.

Les règles de procédure sont essentielles à la réalisation des droits des justiciables qui ont tout intérêt à obtenir leur sanction[4]. Pour que cet accomplissement soit effectif, il est nécessaire de leur offrir des garanties. Il a alors été reconnu un droit d'accès aux tribunaux. Les citoyens ont un droit au juge, largement consacré par la jurisprudence, qu'elle soit constitutionnelle, européenne ou judiciaire[5]. Il peut être défini comme la garantie offerte au justiciable d'un recours de nature juridictionnelle pour faire valoir son droit, défendre ses intérêts[6]. Mais ce droit doit être effectif. En effet la Cour européenne des droits de l'homme affirme que « la Convention a pour but de protéger des droits non pas théoriques ou illusoires, mais concrets et effectifs[7] ». Il revient à l'Etat de tout mettre en œuvre pour assurer aux justiciables un recours devant les juridictions[8],

---

[1] C. Bléry, in Droit et pratique de la procédure civile, op. cit., spéc. n° 161.08, p. 457.
[2] H. Croze, La communication électronique procédurale devant les tribunaux de commerce, JCP G 2012, doctr. 1150 ; C. Bléry et J.-P. Teboul, La communication électronique, de la procédure civile avant tout !, préc.
[3] E. de Leiris, Communication électronique, préc.
[4] C. Chainais, F. Ferrand et S. Guinchard, Procédure civile, droits interne et de l'Union Européenne, op. cit., p. 7.
[5] Cf supra n° 44.
[6] S. Guinchard, Procès équitable, Rép. Pr. Civ., mars 2013.
[7] CEDH 9 oct. 1979, Airey c. Irlande, Série A, n° 32, GACEDH, 2011, PUF, n° 2, obs. Sudre.
[8] C. Chainais, F. Ferrand et S. Guinchard, Procédure civile, droits interne et de l'Union Européenne, op. cit., p. 102.

et il a à ce titre des obligations positives[1]. Et l'accès aux tribunaux ne peut être réel que si les citoyens ont connaissance de leurs droits et de la procédure permettant de les sanctionner.

Seront étudiés les troubles causés en procédure civile par le déploiement des nouvelles technologies de l'information et de la communication. En effet, ces dernières portent une atteinte incontestable au droit au juge, remettant en cause son effectivité (section 1). En outre, les choix faits par le réformateur peuvent être discutés. Le dispositif choisi pour accomplir la dématérialisation de la procédure est critiquable du fait de ces atteintes au droit au juge et aux garanties dont doivent bénéficier les citoyens. Il demeure de ce fait perfectible (section 2).

Section 1 : Des atteintes certaines portées au droit au juge

47. Tout citoyen a l'assurance de pouvoir recourir à un juge pour faire réaliser ses droits. Cela signifie que les obstacles injustifiés se dressant sur le chemin entre les justiciables et les juridictions doivent être abattus. Il est donc nécessaire que les citoyens aient accès aux règles de droit applicables, notamment aux dispositions de procédure. A cette fin, le Conseil Constitutionnel a dégagé en 1999 l'objectif de valeur constitutionnelle d'accessibilité et d'intelligibilité de la loi[2], s'ajoutant alors à l'exigence de clarté des lois[3]. Il incombe au législateur de créer un dispositif législatif clair et accessible aux citoyens. Si cet objectif s'impose au législateur, le contrôle du Conseil ne porte que sur les lois au sens de l'article 34 de la Constitution[4], de sorte qu'il ne peut jamais apprécier la conformité d'un texte règlementaire à un tel objectif[5]. Cependant, le respect du droit au juge s'impose en la matière, et de plus, comment considérer que l'administration de cette justice se fait dans de bonnes conditions, alors que les règles permettant d'obtenir la sanction des droits des justiciables ne leur sont pas accessibles ? En effet, il faut constater que le réformateur n'a pas fait œuvre de clarté dans l'élaboration des textes relatifs aux nouvelles technologies, notamment dans le déploiement de la communication par voie électronique. Le pouvoir règlementaire laisse s'accumuler les règlements, et il en ressort

[1] S. Guinchard, Procès équitable, préc., citant F. Sudre, Les obligations positives dans la jurisprudence européenne des droits de l'homme, RTDH 1995. 363.
[2] Cons. Const. 16 déc. 1999, décision n° 99-421 DC.
[3] Cons. Const. 10 juin 1998, décision n° 98-401 DC.
[4] Cf. art. 61 et 61-1 de la Constitution.
[5] Ibid.

une multiplication textuelle préjudiciable (§1) à cette accessibilité du droit et donc au droit au juge. En outre, les réformes mises en œuvre en la matière tendent à mettre en cause l'effectivité du recours des justiciables aux juridictions. Il est remarqué que le déploiement des nouvelles technologies a pu fragiliser certaines garanties liées au déroulement du procès (§2).

§1 Une multiplication textuelle préjudiciable

48. L'accessibilité des textes relatifs aux nouvelles technologies en procédure civile est mise à mal. Il faut entendre par cela la « possibilité de trouver physiquement la norme applicable »[1]. Cette difficulté à consulter les dispositions relatives à la communication par voie électronique est la conséquence de deux phénomènes. D'une part, est remarquée la grande diversité de ces textes et par conséquent, leur éparpillement (A). D'autre part, la mise en place de la communication par voie électronique a donné lieu à la conclusion de conventions entre les juridictions et les barreaux afférents, dont la variété est dangereuse au regard de l'unité de la procédure civile (B). Ces éléments constituent autant d'atteintes avérées au droit au juge.

A. L'éparpillement règlementaire

49. La mise en œuvre des nouvelles technologies a été pensée de telle manière qu'elle est effectuée en douceur au sein des juridictions. Ce n'est que par touches que le pouvoir règlementaire a étendu le champ d'application du titre XXI du code de procédure civile. En effet, une mise en œuvre immédiate était prohibée aux termes de l'article 748-6 dudit code. Cette disposition soumet l'applicabilité du titre XXI, même postérieurement à sa date d'entrée en vigueur[2], à l'adoption d'un arrêté par le Garde des Sceaux. La conséquence de cette limitation est une accumulation préjudiciable de textes, et on ne peut que souhaiter une codification de l'ensemble des dispositions qui ont été adoptées jusqu'à présent.

---

[1] A. Flückiger, Le principe de clarté de la loi ou l'ambiguïté d'un idéal, in Nouveaux cahiers du Conseil Constitutionnel, cahier n° 21, dossier : la normativité, Conseil constitutionnel France, Paris : Dalloz, janv. 2007.

[2] Fixée au 1er janv. 2009 par le décr. n° 2005-1678 du 28 déc. 2005, JORF n° 302 du 29 déc. 2005 p. 20350.

50. Accumulation textuelle critiquable - L'article 748-6 du code de procédure civile a pour objectif d'appliquer progressivement le titre XXI du code de procédure civile au sein des juridictions. Cela permet d'attendre qu'un arrêté du Garde des Sceaux garantisse la datation, la fiabilité, la sécurité, et l'intégrité des envois, remises et notifications par voie électronique devant la juridiction concernée. Le but était louable à l'origine, et visait à empêcher tout forçage de l'emprunt de la voie électronique[1]. Même si une globalisation de la communication par voie électronique n'a pas été atteinte aujourd'hui[2], l'usage d'un tel mode de transmission a été étendu à de nombreuses procédures et juridictions. A ce jour, il est compté non moins de dix arrêtés techniques pour l'application de la communication par voie électronique[3]. Ainsi, les textes régissant ce type de transmission s'accumulent[4]. Or, cet entassement rend l'accès à la réglementation en la matière difficile. D'une part, parce que cette multiplicité des textes rend le dispositif illisible. D'autre part, parce que cela débouche sur une application différenciée des règles sur la communication par voie électronique selon les juridictions.

Dans un premier temps, l'accumulation des arrêtés pris pour l'application des règles sur la communication par voie électronique rend impossible une lecture claire de ces dispositions. Prenons l'exemple de l'arrêté qui a permis l'utilisation de la voie électronique pour la procédure suivie devant la cour d'appel, quand la représentation est obligatoire. Il faut rappeler que dans ce cas, la communication par voie électronique est érigée en obligation[5]. Avec l'arrêté du 30 mars 2011[6], ont été fixées les modalités d'application du titre XXI à cette procédure.

---

[1] Cf. supra n° 12.

[2] Cf. supra n° 12, 16, et cf. infra n° 54.

[3] Arr. du 17 juin 2008, JORF n° 0148 du 26 juin 2008, p. 10259 ; arr. du 7 avr. 2009, JORF n° 0086 du 11 avr. 2009, p. 6365 ; arr. du 5 mai 2010, JORF n° 0111 du 15 mai 2010, p. 9041 ; arr. du 22 février 2011 JORF n° 0085 du 10 avr. 2011 p. 6392 ; arr. du 30 mars 2011, JORF n° 0076 du 31 mars 2011 p. 5600 ; arr. du 22 mai 2012, JORF n° 0126 du 1er juin 2012, p. 9440 ; arr. du 28 août 2012, JORF n° 0202 du 31 août 2012, p. 14049 ; arr. du 24 déc. 2012, JORF n° 0001 du 1er janv. 2013, p. 72 ; arr. du 21 juin 2013, JORF n° 0146 du 26 juin 2013 p. 10526 ; arr. du 9 févr. 2016, JORF n° 0046 du 24 fév. 2016.

[4] H. Croze, Les actes de procédure et les nouvelles technologies, préc.

[5] Art. 930-1 CPC.

[6] Arr. du 30 mars 2011, JORF n° 0076 du 31 mars 2011, p. 5600.

Or, cet arrêté a été modifié à trois reprises[1]. Cet exemple est une bonne illustration de l'accumulation des textes en la matière. Mais une autre difficulté de déchiffrage apparaît dans cet exemple. En effet, un double niveau de lecture est imposé. Il faut combiner l'application de l'article 930-1 du code de procédure civile, comportant une obligation avec les dispositions des articles 748-1 et suivants, prévoyant une communication par voie électronique facultative[2]. Or d'après les textes, on n'assiste pas à une véritable généralisation de l'obligation d'emprunter la voie électronique au sein de la cour d'appel[3]. Effectivement, l'article 930-1 précise que la communication par voie électronique est obligatoire seulement pour la remise des actes à la juridiction. Rien n'oblige donc l'avocat à communiquer avec son confrère par cette voie. L'article 2 de l'arrêté du 30 mars 2011[4] en fait une simple possibilité. Ainsi, il faut redoubler de vigilance, et il est difficile pour les avocats de savoir ce qui peut ou doit être fait[5]. Le droit d'accès aux tribunaux est ébréché par cette complexité.

D'autre part, l'hermétisme des dispositions régissant la communication par voie électronique est alimenté par un défaut d'uniformité de ces textes. Loin de comporter les mêmes règles, les arrêtés pris pour l'application du titre XXI du code de procédure civile sont aussi variés dans leur nombre que dans leur contenu. Il a pu être affirmé que « la chaîne des arrêtés pour l'application du réseau privé virtuel avocat est un exemple de ce qu'une administration ubuesque peut faire de mieux[6]. » En effet, la communication par voie électronique n'a pas le même champ d'application quant aux actes selon la juridiction considérée. Par exemple, devant les tribunaux de commerce, la Cour de cassation et les tribunaux de grande instance, c'est l'intégralité des actes visés à l'article 748-1 qui peut être transmise par voie électronique[7]. Or, devant la cour d'appel quand la représentation est obligatoire, seuls

---

[1] Par arr. du 18 avr. 2012, JORF n° 0109 du 10 mai 2012, p. 8690 ; arr. du 20 déc. 2012, JORF n° 0001 du 1er janv. 2013, p. 72 ; arr. du 22 avr. 2013, JORF n° 0101 du 30 avril 2013 p. 7429.

[2] C. Bléry et J.-P. Teboul, Dématérialisation du procès : trois pas en avant, deux pas en arrière ?, préc.

[3] C. Bléry, in Droit et pratique de la procédure civile, op. cit., spéc. 161.231.

[4] Art. 2, arr. du 30 mars 2011, JORF n° 0076 du 31 mars 2011, p. 5600.

[5] C. Bléry et J.-P. Teboul, Dématérialisation du procès : trois pas en avant, deux pas en arrière ?, préc.

[6] C. Bléry et G. Huvelin, Mais que fait la Chancellerie ?, Gaz. Pal., 26 mars 2013, n° 85, p. 9.

[7] E. de Leiris, Communication électronique, préc.

certains actes peuvent être communiqués par ce biais[1]. En effet, l'article 2 de l'arrêté du 30 mars 2011 précise que « peuvent être effectués par voie électronique, entre auxiliaires de justice représentant une partie ou entre un tel auxiliaire et la juridiction, les envois et remises des déclarations d'appel et des actes de constitution, avec les pièces qui leur sont associées, ainsi que les conclusions faits en application des articles 901, 903, 908, 909, 910, 911, 960 et 961 du code de procédure civile. » L'article 748-1, plus large, envisage la communication par voie électronique des « actes de procédure, des pièces, avis, avertissements ou convocations, des rapports, des procès-verbaux ainsi que des copies et expéditions revêtues de la formule exécutoire des décisions juridictionnelles. » Ainsi, ce point différencie la cour d'appel des autres juridictions, car seuls certains actes sont visés par l'arrêté[2]. Pour les actes exclus, il serait possible d'affirmer qu'ils ne peuvent être transmis par cette voie[3]. Cependant, la jurisprudence récente tempère cette affirmation, les juges ayant permis l'envoi par la voie électronique d'actes de procédure non visés par un arrêté[4].

De même, devant la cour d'appel quand cette fois la représentation n'est pas obligatoire, la communication par voie électronique est possible seulement pour les déclarations d'appel et les constitutions d'avocat[5]. Ainsi, l'utilisation de la communication par voie électronique est loin d'être uniforme au sein des juridictions. De plus, elle peut être circonscrite à certains actes, tantôt être obligatoire, tantôt être facultative, comme le montre l'exemple de la cour d'appel[6]. Ces facteurs, couplés au nombre conséquent d'arrêtés pris en application de l'article 748-6, rendent le dispositif difficile à appréhender, portant atteinte à l'accessibilité des règles applicables en la matière, et donc au droit au juge.

51. Codification souhaitable – Les règles relatives à la communication par voie électronique varient suivant la juridiction devant

[1] Art. 2, arr. du 30 mars 2011, JORF n° 0076 du 31 mars 2011, p. 5600.
[2] E. de Leiris, Communication électronique, préc.
[3] Ibid. citant certains actes ainsi exclus de la communication par voie électronique : l'appel par requête conjointe, l'opposition à arrêt, la requête déférant une ordonnance du conseiller de la mise en état à la CA, la remise au greffe de la justification de la signification d'une déclaration d'appel à l'intimé non constitué, la déclaration de saisine après cassation.
[4] Cf. infra n° 70.
[5] Art. 1, arr. du 5 mai 2010, JORF n° 0111 du 15 mai 2010, p. 9041
[6] Cf. supra même numéro.

laquelle se trouve le justiciable, et selon la procédure suivie devant cette même juridiction[1]. Ce défaut de lisibilité des textes en vigueur impose une lecture approfondie, et cette dernière est parfois compliquée[2]. Or, si l'objectif de valeur constitutionnelle d'accessibilité et d'intelligibilité ne s'applique pas aux règlements, ni aux textes régissant la communication par voie électronique, il impose un effort de codification de normes qui auraient été dispersées, qu'elles soient règlementaires ou législatives[3]. Codifier, c'est « rassembler en un corps de droit, de lois ou de décrets, les règles qui gouvernent une matière »[4]. Cette compilation permet de faciliter la connaissance et la communication des normes[5], et répond à l'objectif de valeur constitutionnelle d'accessibilité et d'intelligibilité de la loi[6]. Des normes disséminées sont rassemblées et coordonnées pour les rendre cohérentes et accessibles[7].

La codification peut apparaître comme un remède opportun à la dispersion des textes relatifs à la communication par voie électronique. La doctrine a d'ailleurs appelé de ses vœux une telle codification[8]. Cela aurait le mérite de clarifier les règles applicables et de les regrouper au sein du code de procédure civile. De ce fait, l'accessibilité des justiciables aux tribunaux serait grandement améliorée. Nul ne peut contester le fait que cette solution présenterait un grand avantage par rapport à la situation actuelle. En effet, l'état du droit positif en matière de communication par voie électronique est la source de nombreuses erreurs de la part des avocats qui utilisent le réseau privé virtuel avocat[9].

Plus que la codification des règles sur la communication par voie électronique, c'est une véritable généralisation des solutions que réclament certains auteurs[10]. Il est préconisé d'autoriser toutes les

---

[1] Cf. supra n° 50.
[2] Ibid.
[3] Conseil d'Etat, Guide pour l'élaboration des textes législatifs et réglementaires, Doc. Fr. Paris, 2ème éd., 2007, p. 55.
[4] Sous la direction de G. Cornu, Association Henri Capitant, Vocabulaire juridique, op. cit., p. 185.
[5] Guide pour l'élaboration des textes législatifs et réglementaires, op cit., p. 55.
[6] Cons. Const. 16 déc. 1999, n° 99-421 DC, consid. 13 ; Cons. Const. 26 juin 2003, n° 2003-473 DC, consid. 5 ; Cons. Const. 2 déc. 2004, n° 2004-506 DC, consid. 5.
[7] Guide pour l'élaboration des textes législatifs et réglementaires, op. cit., p. 55.
[8] C. Bléry et J.-P. Teboul, Dématérialisation du procès : trois pas en avant, deux pas en arrière ?, préc. ; C. Bléry et G. Huvelin, Mais que fait la Chancellerie ?, préc.
[9] C. Bléry et G. Huvelin, Mais que fait la Chancellerie ?, préc.
[10] C. Bléry et J.-P. Teboul, Dématérialisation du procès : trois pas en avant, deux pas en arrière ?, préc.

transmissions nécessitées par un procès, listées par l'article 748-1 du code de procédure civile, quelle que soit la juridiction[1]. Cette solution est souhaitable, d'autant plus que certaines différences au sein des arrêtés sont inexplicables. Pourquoi ne pas généraliser la transmission par voie électronique à tous les actes au sein de la procédure avec représentation obligatoire devant la cour d'appel ? En effet, il a été constaté précédemment que la notification par voie électronique ne concernait pas la totalité des actes visés à l'article 748-1[2]. Les avocats représentant les parties au sein de ces juridictions sont évidemment équipés pour effectuer de tels envois, la voie électronique étant pour partie obligatoire. Rien n'empêche donc de la généraliser à tous les actes de procédure.

Ainsi, face à un éparpillement des règles relatives aux nouvelles technologies, et plus précisément à la communication par voie électronique, le réformateur n'est pas dépourvu de solutions. La codification permettrait d'assurer l'accessibilité au droit des justiciables, mais surtout des auxiliaires de justice, au premier rang des utilisateurs de la voie électronique. La lisibilité de telles dispositions en serait également améliorée. Par ce biais, il serait possible de généraliser le champ d'application de la communication par voie électronique quant aux actes de procédure afin d'habiller le dispositif de cohérence.

52. Ainsi, l'accessibilité des dispositions relatives aux nouvelles technologies en procédure civile n'est pas satisfaisante. Bien que la codification des textes en vigueur semble une perspective satisfaisante[3], un autre phénomène lui porte atteinte. La multiplicité des conventions de procédure, de nature non règlementaire, contribue à cet éparpillement textuel.

B. Une contractualisation dangereuse de la justice

53. Le développement des nouvelles technologies est le parfait exemple illustrant le phénomène de contractualisation touchant la

---

[1] Ibid.

[2] Art. 2, arr. du 30 mars 2011 relatif à la communication par voie électronique dans les procédures avec représentation obligatoire devant les cours d'appel, JORF n° 0076 du 31 mars 2011, p. 5600.

[3] Not. Par C. Bléry et J.-P. Teboul, Dématérialisation du procès : trois pas en avant, deux pas en arrière ?, préc. ; C. Bléry et G. Huvelin, Mais que fait la Chancellerie ?, préc.

procédure civile[1]. Cette contractualisation se manifeste notamment par l'apparition de protocoles. Un protocole est une convention collective de procédure civile conclue entre la juridiction et ses partenaires, tendant à règlementer la mise en état des affaires[2]. Ces accords sont conclus le plus souvent entre le tribunal, le barreau local et le greffe, et y figurent les signatures du président de ladite juridiction, du bâtonnier de l'Ordre des avocats, et du greffier[3]. Or, le développement de tels accords s'est particulièrement amplifié dans le cadre du déploiement de la communication par voie électronique et ce, sous l'impulsion du législateur[4]. Afin d'organiser l'application de ce mode de transmission dans de bonnes conditions, une convention nationale cadre a été signée à l'origine le 5 mai 2005 entre le Garde des sceaux et le Conseil National des Barreaux. Le but était de mettre en place les outils permettant son développement sécurisé[5]. De ce fait, le système que l'on connaît aujourd'hui, avec la mise en place du réseau privé virtuel avocat et du réseau privé virtuel justice, repose sur une collaboration entre ces partenaires[6]. Cette convention cadre fût renouvelée à deux reprises[7]. Récemment, le rôle du Conseil a été renforcé par la loi du 18 novembre 2016[8]. En effet, l'article 21-1 de la loi du 31 décembre 1971[9] a été modifié pour prévoir une compétence propre du Conseil en matière de communication par voie électronique. Il est chargé, en collaboration avec le garde des Sceaux, de la mise en œuvre du réseau privé des avocats et de son interconnexion avec le réseau privé virtuel justice.

[1] L. Cadiet, Le procès civil à l'épreuve des nouvelles technologies – Rapport de synthèse, préc.
[2] C. Bléry, in Droit et pratique de la procédure civile, Droits interne et de l'Union Européenne, op. cit., spéc. n° 300.11.
[3] Ibid., spéc. n° 300.21.
[4] C. Bléry, De la contractualisation à la réglementation unilatérale : dérive des protocoles de la mise en état, Procédures n° 2, févr. 2012, alerte 5 ; C. Bléry, in Droit et pratique de la procédure civile, Droits interne et de l'Union Européenne, op. cit., spéc. n° 300.12.
[5] G. Sabater, Nouvelles technologies et système judiciaire. – Le déploiement de la communication dans les juridictions judiciaires, préc.
[6] S. Derlange et A. Errera, L'essor des téléprocédures judiciaires en France et à l'étranger : vers la justice de demain, préc.
[7] Sur cet historique voir A. Bensoussan, RPVA, Réseau privé virtuel avocat, de la procédure électronique au cabinet numérique, Dossiers pratiques Francis Lefèbvre, p. 22 : Conv. du 28 sept. 2007 et conv. du 16 juin 2010, cette dernière étant renouvelable par tacite reconduction.
[8] L. n° 2016-1547 du 18 nov. 2016, JORF n°0269 du 19 nov. 2016, texte n° 1.
[9] L. n° 71-1130 du 31 déc. 1971, JORF du 5 janv. 1972 p. 131.

Mais en réalité, des engagements ont été passées au niveau local, prenant appui sur ces conventions-cadres, et rendant obscur le paysage procédural des juridictions civiles.

54. « Balkanisation[1] » caractérisée – À l'origine, la conclusion de conventions à l'échelon local était admise par les dispositions du décret du 28 décembre 2005[2]. En effet, une application anticipée du titre XXI du code de procédure civile était autorisée, mais cette entrée en vigueur prématurée était subordonnée à la conclusion d'une convention entre le président de la juridiction, et les auxiliaires de justice locaux[3]. Ces protocoles devaient être approuvées par le Garde des Sceaux, ou à défaut être conformes auxdites conventions nationales cadres. La conformité à une telle convention nationale n'existe plus à ce jour[4]. De plus, il n'est plus question d'application anticipée du titre XXI relatif à la communication par voie électronique, ses dispositions étant entrées en vigueur au 1er janvier 2009, et étant par ailleurs soumises à l'adoption d'un arrêté technique aux termes de l'article 748-6 du code de procédure civile. Pourtant, un foisonnement de ces protocoles de procédure est constaté[5]. Aujourd'hui, bon nombre de tribunaux ont passé une telle convention, ayant trait à la communication par voie électronique[6], partiellement ou totalement, malgré une absence de justification. Un auteur relève qu'il est impossible de recenser de manière exacte ces conventions, mais que beaucoup de juridictions ont élaboré des protocoles relatifs à la procédure civile[7]. Cela signifie que d'un tribunal à l'autre, l'encadrement de la mise en état et de l'usage des nouvelles

---

[1] H. Croze, Napoléon reviens, ils sont devenus fous !, Procédures n° 12, déc. 2012, repère 11.
[2] Décr. n° 2005-1678 du 28 déc. 2005, JORF n° 302 du 29 déc. 2005 p. 20350.
[3] Art. 88 du décr. n° 2005-1678 du 28 déc. 2005, JORF n° 302 du 29 déc. 2005 p. 20350.
[4] Art. 21 du décr. n° 2008-484 du 22 mai 2008, JORF n° 0120 du 24 mai 2008, p. 8477.
[5] C. Bléry et G. Huvelin, Mais que fait la Chancellerie ?, préc.
[6] Not. Protocole de procédure civile du tribunal de grande instance de Paris du 11 juil. 2012 ; protocole relatif à la mise en état devant le tribunal de commerce de Bobigny du 4 oct. 2012 ; Avenant n° 2 à la convention relative au contentieux général devant le tribunal de commerce de Lyon du 26 nov. 2012 : voir in C. Bléry, in Droit et pratique de la procédure civile, Droits interne et de l'Union Européenne, op. cit., spéc. n° 300.14.
[7] Tel que souligné par C. Bléry, sous la direction de S. Guinchard, Droit et pratique de la procédure civile, Droits interne et de l'Union Européenne, Dalloz action, op. cit., spéc. n° 300.12 faisant référence au rapport sur l'avis du 9 sept. 2013, voir : http ://www.courdecassation.fr/IMG///rap_vasseur_1370005.pdf, p. 27.

technologies peut différer. Bien que ces conventions puissent traduire une collaboration souhaitable entre les acteurs de la procédure[1], face à un phénomène nouveau de dématérialisation du procès civil, elles sont aujourd'hui dénuées de raison d'être. Par ailleurs, elles remettent considérablement en cause le droit d'accès au juge. En effet, le développement de ces protocoles traduit un morcellement de l'unité du paysage procédural. Chaque juridiction peut passer avec le ou les barreaux de son ressort une convention par laquelle elle aménage les règles de procédure applicables devant elle. Ainsi, elles vont varier d'une juridiction à l'autre. Il a pu être souligné que ce phénomène constituait une « balkanisation »[2] du panorama procédural. Or cela est contestable, car le code de procédure civile se doit d'être appliqué de manière uniforme au sein des tribunaux. Le risque est réel de mutation des pratiques locales en véritables règles de procédure[3]. Ce clivage est d'autant plus problématique que les conventions érigeant de telles règles ne sont pas forcément accessibles aux justiciables, représentés par des auxiliaires de justice[4]. Mais derrière les auxiliaires de justice, il y a les justiciables, et ce sont leurs droits qui pâtissent de ce morcellement.

S'il paraît primordial que l'accessibilité de ces protocoles soit garantie, pourtant la doctrine constate que cela est aujourd'hui loin d'être le cas[5]. Si certains sont en effet disponibles sur le site de la juridiction concernée[6], la totalité des protocoles ne l'est pas actuellement[1]. De plus,

---

[1] Ibid. spéc. n° 300.15 ; aussi S. Derlange et A. Errera, L'essor des téléprocédures judiciaires en France et à l'étranger : vers la justice de demain, préc.

[2] H. Croze, Napoléon reviens, ils sont devenus fous !, préc.

[3] C. Bléry et G. Huvelin, Mais que fait la Chancellerie ?, préc.

[4] Ces conventions n'obligent pas les parties non représentées cf. C. Bléry, in Droit et pratique de la procédure civile, Droits interne et de l'Union Européenne, op. cit., spéc. n° 300.31.

[5] Relevé par C. Bléry et G. Huvelin, Mais que fait la Chancellerie ?, préc. ; aussi par C. Bléry, in Droit et pratique de la procédure civile, Droits interne et de l'Union Européenne, op. cit., spéc. n° 300.41, p. 785.

[6] Protocole entre le barreau de Paris, le tribunal de commerce et le greffe, signé le 18 déc. 2009 et de son avenant du 16 janv. 2013 http ://www.greffe-tc-paris.fr/fr/fond-referes-requêtes/protocole_barreau_paris.html ; protocole du tribunal de commerce de Caen :
http ://www.greffe-tc-caen.fr/modeles/contentieux/contrat_procedure/
convention_procedure_G1402.pdf ; Convention relative au contentieux général devant le tribunal de commerce de Lyon, 21 déc. 2015, remplaçant les précédentes :
http://www.greffe-tc-lyon.fr/myfiles/files/judiciaire/convention/CONVENTION%20BARREAU%202015-12-21.pdf

un auteur a pu souligner les difficultés engendrées par une telle recherche[2]. En effet, comment savoir si la convention qui est en ligne est à jour ? Ou, si celle-ci n'est pas accessible, en existe-t-il une en réalité ? Si les avocats du ressort territorial de ladite juridiction seront sûrement avertis des règles mises en place[3], tel ne se sera pas le cas des avocats extérieurs. Ces conventions sont par ailleurs totalement en contradiction avec la tendance prédominante en procédure civile d'élargir la postulation[4]. La loi croissance et activité du 6 août 2015[5] modifiant la loi du 31 décembre 1971[6] a étendu le champ de la postulation des avocats au ressort de la cour d'appel. Dès lors, pour ces avocats il sera parfois difficile de connaître les usages en vigueur au sein d'une juridiction devant laquelle ils ne postulaient pas auparavant, à moins de consulter un auxiliaire de justice du ressort du tribunal en question[7]. Mais le développement de ces conventions est un phénomène d'autant plus grave que la portée attachée à leurs dispositions est forte, et elles se sont parfois vues reconnaître une valeur réglementaire.

Une évolution textuelle récente tempère toutefois de tels propos. Le décret du 6 mai 2017[8] ajoute un article 796-1 au code de procédure civile. Au 1er septembre 2019, la communication par voie électronique deviendra obligatoire devant le tribunal de grande instance. Cet élargissement de l'utilisation impérative de la voie dématérialisée aux tribunaux de grande instance risque bien de porter un coup d'arrêt à la prolifération des conventions locales. En effet, la communication par voie électronique est obligatoire devant un nombre toujours plus conséquent de juridictions, ce qui laisse une place résiduelle à la volonté des acteurs en présence face à la force prescriptive du règlement. Il est

---

1 Protocole relatif à la mise en état devant le tribunal de commerce de Créteil du 29 sept. 2011 ; protocole du tribunal de commerce de Nantes, modifié le 25 nov. 2013 in C. Bléry, in Droit et pratique de la procédure civile, Droits interne et de l'Union Européenne, op. cit., n° 300.41, p. 786.

2 C. Bléry, ibid., spéc. n° 300.41, p. 786.

3 C. Bléry, ibid., spéc. n° 300.41, p. 786 souligne d'ailleurs que cela est une solution envisageable.

4 C. Bléry et G. Huvelin, Mais que fait la Chancellerie ?, préc.

5 L. n° 2015-990 du 6 août 2015, JORF n° 0181 du 7 août 2015, p. 13537.

6 Modifiant les art. 5 et 5-1 de la L. n° 71-1130 du 31 déc. 1971 : les avocats peuvent postuler devant l'ensemble des tribunaux de grande instance du ressort de la cour d'appel dans lequel ils ont établi leur résidence professionnelle.

7 C. Bléry, in Droit et pratique de la procédure civile, Droits interne et de l'Union Européenne, op. cit., spéc. n° 300.41, p. 786 et cf. supra même numéro.

8 Décr. n° 2017-892 du 6 mai 2017, JORF n° 0109 du 10 mai 2017, texte n° 114.

possible d'affirmer que ces conventions tendraient même à disparaître, dans la mesure où l'usage de la voie électronique s'étend sans cesse.

55. Portée erronée - Il a pu être soutenu qu'une telle « convention ne peut pas contenir de dispositions contra legem »[1]. Pourtant, des violations du code de procédure civile ont parfois été constatées au sein de tels protocoles. Les conventions sont alors contra legem[2]. Tel est le cas notamment de la convention passée entre la cour d'appel de Lyon et les barreaux de son ressort[3]. Cette dernière prévoyait l'usage obligatoire de la communication par voie électronique par les avocats devant les tribunaux de commerce dès lors qu'ils disposent d'un abonnement à e-barreau. Or, devant ces juridictions, à cette date, l'arrêté pris pour l'application du titre XXI du code de procédure civile n'était pas encore en vigueur. Certains auteurs ont d'ailleurs relevé le caractère prématuré de cette application et son manque de valeur juridique[4]. D'autres conventions ne profitent pas de l'entière souplesse du code[5]. Ainsi, ces protocoles ne sont pas si respectueux que cela des dispositions du code de procédure civile. Mais l'introduction de telles règles en contradiction avec le code est d'autant plus grave que la sanction qui leur est assortie est tout à fait erronée. En effet, par principe, un auxiliaire de justice qui ne respecterait pas un protocole ne devrait être exposé qu'à des sanctions disciplinaires et déontologiques, la doctrine étant unanime sur ce point[6]. Pourtant, certaines conventions ont créé de véritables sanctions procédurales, et se veulent alors contraignantes[7]. De ce fait, les parties se heurtant à de telles sanctions se trouvent privées de leurs droits

---

[1] C. Bléry, ibid., spéc. n° 300.61.

[2] Ibid. et C. Bléry et G. Huvelin, Mais que fait la Chancellerie ?, préc.

[3] Conv. relative au contentieux général devant le tribunal de commerce de Lyon, avenant n° 2, 26 nov. 2012.

[4] C. Bléry, Protocole relatif à la mise en état devant le tribunal de commerce de Lyon : un exemple qui interroge, JCP G n° 50, 10 déc. 2012, p. 1357.

[5] C. Bléry, in Droit et pratique de la procédure civile, Droits interne et de l'Union Européenne, op. cit., spéc. n° 300.62.

[6] Not. E. de Leiris, Communication électronique, préc. ; C. Bléry, in Droit et pratique de la procédure civile, Droits interne et de l'Union Européenne, op. cit., spéc. n° 300.32 p. 783 ; H. Croze, Irrecevabilité des conclusions pour violation d'une convention de procédure, JCP G n° 52, 1er déc. 2012, p. 1394 ; C. Bléry, De la contractualisation à la réglementation unilatérale : dérive des protocoles de la mise en état, préc.

[7] C. Bléry, in Droit et pratique de la procédure civile, Droits interne et de l'Union Européenne, op. cit., spéc. n° 300.31.

procéduraux de manière illégale[1], et ce non pas sur la base d'un texte du code de procédure civile, mais sur le fondement d'un protocole qui éventuellement ne leur serait même pas accessible[2]. Certaines cours d'appel ont confirmé l'irrecevabilité potentielle d'un acte sur le fondement d'un contrat de procédure. En effet, un arrêt critiqué de la cour d'appel de Reims en date du 27 novembre 2012[3] a sanctionné le défaut de communication par voie électronique des conclusions de l'appelant dans le délai de trois mois par l'irrecevabilité. Cette irrecevabilité ne reposait pas sur la réglementation en vigueur, qui ne faisait de cette transmission par voie électronique qu'une possibilité[4]. Mais un protocole avait été conclu par cette cour et les ordres de son ressort, créant cette obligation. De ce fait, les conclusions de l'appelant ont été déclarées irrecevables, et par conséquent, sa déclaration d'appel caduque. Cet arrêt fût, et à forte raison, mal accueilli par la doctrine. En effet, un auteur a pu souligner l'inadmissibilité d'une telle décision[5] qui illustre réellement la dérive de ces protocoles[6]. Malheureusement, cette solution n'est pas isolée. Il faut citer un arrêt de la cour d'appel de Lyon[7] qui a retenu que l'erreur de l'indication du numéro de chambre entraîne l'irrecevabilité des conclusions, le protocole signé entre la juridiction et le barreau mentionnant une telle obligation. Ainsi, en l'état actuel de la jurisprudence, il faut remarquer que la sanction des obligations posées par ces protocoles est rigide, et surtout, prohibée. Il faut nécessairement observer qu'elles s'imposent avec la même force règlementaire que les dispositions du code, et la transformation de leurs dispositions en règlement par la jurisprudence est véritablement contestable[8].

---

[1] H. Croze, Irrecevabilité des conclusions pour violation d'une convention de procédure, préc.
[2] Cf. supra n° 54.
[3] CA Reims, 27 nov. 2012, RG n° 12/02121, Juris-Data n° 2012-029502 in H. Croze, Irrecevabilité des conclusions pour violation d'une convention de procédure, préc.
[4] Arr. du 30 mars 2011 relatif à la communication par voie électronique dans les procédures avec représentation obligatoire devant les cours d'appel, JORF n° 0076 du 31 mars 2011, p. 5600.
[5] H. Croze, Irrecevabilité des conclusions pour violation d'une convention de procédure, préc.
[6] C. Bléry, De la contractualisation à la réglementation unilatérale : dérive des protocoles de la mise en état, préc.
[7] CA Lyon, 30 oct. 2012, RG n° 11/08437, J. Junillon et R. Laffly, Deux ans de jurisprudence, JCP G 2013, 249, n° 9, N. Fricero, Les nouvelles sanctions du défaut de diligence des avocats en appel, Procédures 2013. Dossier 6, n° 9.
[8] C. Bléry et G. Huvelin, Mais que fait la Chancellerie ?, préc.

56. Par conséquent, le droit au juge des justiciables est largement perturbé par les choix qui ont été faits afin de mettre en œuvre la communication par voie électronique. En effet, l'accès aux tribunaux est rendu difficile par l'éparpillement et l'accumulation des textes règlementaires, et notamment des arrêtés techniques hétérogènes pris pour l'application du titre XXI du code de procédure civile. La lecture de ces dispositions est d'autant plus compliquée qu'elles se superposent avec d'autres. De plus, un phénomène de morcellement du paysage procédural causé par la passation de protocoles relatifs à la procédure civile ajoute à la difficulté d'analyser les règles applicables en matière de communication par voie électronique. En effet, de multiples conventions sont passées par les juridictions avec les barreaux afférents et mettent en péril les droits des parties qui manifestent un réel embarras à accéder à celles-ci. Détresse d'autant plus alarmante que la sanction de ces protocoles peut priver les justiciables de leurs droits procéduraux. Mais inopportunément, les nouvelles technologies remettent également en cause certaines garanties afférentes au déroulement d'une procédure.

§2 La fragilisation des garanties liées au déroulement procédural

57. L'introduction des nouvelles technologies en procédure civile a des effets néfastes en ce qu'elle peut priver les justiciables de certaines des garanties dont ils disposent afin de bénéficier d'un droit au juge effectif. Cette remise en cause du droit d'accès à un tribunal se manifeste de plusieurs façons. Les choix opérés par le réformateur instaurent une fragilité des garanties procédurales dont jouissent les justiciables. En effet, la possibilité de former un recours peut être menacée. La réforme de la procédure avec représentation obligatoire devant les cours d'appel, incluant les nouvelles technologies, entraîne une atteinte portée au principe d'un double degré de juridiction (A). Mais plus largement, les nouvelles technologies et leur utilisation dans le procès civil remettent en question l'humanisation des procès civils (B).

A. Le droit à un second degré de juridiction mis à mal

58. La réforme de la procédure d'appel avec représentation obligatoire s'est manifestée par le décret du 9 décembre 2009[1] et a fait « la part belle à la communication par voie électronique »[2]. Ce décret impose la communication par voie électronique à l'article 930-1 du code

[1] Décr. n° 2009-1524 du 9 déc. 2009, JORF n° 0287 du 11 déc. 2009, p. 21386.

[2] H. Croze, Les actes de procédure et les nouvelles technologies, préc.

de procédure civile. Il a également réformé la voie d'appel dans le but d'en faire une « voie d'achèvement maîtrisée »[1], par l'encadrement des délais de procédure. Ces dispositions couplées à la suppression de la profession d'avoué, font que règne une insécurité juridique certaine au sein des cours d'appel[2]. Ainsi, les réformes impliquant les nouvelles technologies remettent en cause le droit des justiciables d'accéder à ces juridictions, mais ce droit n'est pas absolu, ce qui permet de relativiser la portée de cette critique.

59. Principe du double degré de juridiction affecté – L'appel est la possibilité offerte aux justiciables, sous certaines conditions, de solliciter un second examen d'une décision afin d'en provoquer la censure[3]. Le droit d'appel n'est pas absolu mais relatif. En effet, il faut que le montant du litige soit supérieur à 4 000 euros pour que la partie puisse interjeter appel[4]. Néanmoins, il faut noter un certain attachement au principe d'un double degré de juridiction. La Cour de cassation précise en ce sens que « l'appel est un droit dans tous les cas qui ne sont pas formellement exemptés par un texte »[5]. L'affirmation d'un tel principe est d'ailleurs souhaitable, en ce qu'il constitue une garantie de bonne justice[6]. Le réexamen d'une affaire peut permettre de sanctionner des erreurs qui seraient décelées dans le jugement de première instance ou de réformer une solution sur le fond basée sur une appréciation erronée des faits[7]. Pour la sauvegarde des intérêts des justiciables, il est ainsi nécessaire que le droit à un recours soit assuré afin qu'une affaire puisse être rejugée.

Auparavant, l'appel était vu comme une voie d'achèvement du litige, celui-ci aboutissant devant elle, une certaine évolution du litige étant permise[8]. Le décret du 9 décembre 2009[9] en a fait une « voie

---

[1] S. Amrani-Mekki, Y. Strickler, Procédure civile, op cit., p. 835.
[2] S. Jougla-Ygouf, Procédure civile : même au Poker, il y a des règles..., Gaz. Pal., 4 déc. 2012, n° 339, p .13.
[3] J. Pellerin, in Droit et pratique de la procédure civile, op. cit., spéc. n° 541.21, p. 1450.
[4] S. Amrani-Mekki, Y. Strickler, Procédure civile, op cit., p. 193.
[5] Ibid.
[6] J. Pellerin, in Droit et pratique de la procédure civile, op cit., spéc. n° 541.21, p. 1451 citant C. Chainais, et F. Ferrand, et S. Guinchard, Procédure civile, droits interne et de l'Union Européenne, Précis Dalloz, 31ème éd., 2012, n° 1194.
[7] N. Fricero, in Droit et pratique de la procédure civile, op. cit., spéc. n° 211.51, p. 681 citant Justice et double degré de juridiction, Justices, 1996.
[8] S. Amrani-Mekki, Y. Strickler, Procédure civile, op cit., spéc. n° 161, p. 849 et s.
[9] Décret n° 2009-1524 du 9 déc., JORF n° 0287 du 11 décembre 2009 p. 21386.

d'achèvement maîtrisée »[1]. Pour des raisons de politique processuelle[2], les délais de procédure devant les cours d'appel ont été réduits, et sont désormais rigoureusement sanctionnés. L'objectif clairement affiché par la réforme est d'accélérer la procédure, tout en l'encadrant strictement, un auteur soulignant ainsi, sa « grande rigidité »[3]. Il a par ailleurs été remarqué le rôle prépondérant des nouvelles technologies de l'information et de la communication dans la mise en œuvre de ce décret[4]. Mais cette réforme résolument stricte comporte un risque quant aux garanties procédurales des justiciables, et surtout quant à leur droit d'appel.

D'abord, l'article 954 du code de procédure civile, modifié par le décret du 9 décembre 2009[5] puis par celui du 6 mai 2017[6], précise que les conclusions sont récapitulatives et qu'en outre, les prétentions doivent être récapitulées sous forme de dispositif. La cour ne va trancher que sur les prétentions énoncées au dispositif et elle n'examine les moyens au soutien de ces prétentions s'ils sont invoqués dans la discussion. Par ailleurs, a été ajouté l'obligation d'indiquer les pièces invoquées au soutien de chaque prétention et leur numérotation. Les moyens nouveaux par rapport aux précédentes écritures doivent être présentés de manière distincte. S'il a déjà été évoqué l'effet d'uniformisation entraîné par les nouvelles technologies sur la forme des actes[7], il faut aussi noter que cela constitue un accroissement du formalisme des conclusions rédigées par les parties[8]. Or, le régime applicable aux actes de procédure est par principe souple, et plutôt en contradiction avec ce contexte informatique induisant une structuration précise des écritures[9]. De ce fait, le juge peut ne pas se prononcer sur la demande d'une partie qui n'aurait pas été énoncée dans ce dispositif sans que son droit au juge et à un procès équitable soit bafoué[10]. Cela paraît contestable, d'autant plus que les

---

[1] S. Amrani-Mekki, Y. Strickler, Procédure civile, op cit., p. 835.
[2] Cf. supra n° 30.
[3] S. Amrani-Mekki, Y. Strickler, Procédure civile, op. cit., p. 837.
[4] Cf. supra n° 30.
[5] Art. 11, décr. n° 2009-1524 du 9 déc. 2009, JORF n° 0287 du 11 déc. 2009, p. 21386.
[6] Décr. n° 2017-891 du 6 mai 2017, JORF n° 0109, texte n° 113
[7] Cf. supra n° 35 et 39.
[8] E. de Leiris, Communication électronique, préc.
[9] Ibid.
[10] S. Amrani-Mekki, Y. Strickler, Procédure civile, op. cit., p. 845 citant Civ. 2ème, 5 déc. 2013, n° 12-23611, D. 2014, p. 561, E. de Leiris, Gaz. Pal., juin 2014, C. Bléry, Procédures 2014, n° 35, Perrot ; Civ. 2ème, 24 oct. 2012, Procédures 2013, n° 2, Perrot.

délais imposés durant cette procédure sont relativement brefs. L'objectif d'accélération des procédures ne peut à notre sens justifier une telle atteinte aux droits des justiciables pour une question de pure forme, alors qu'une demande tout à fait fondée pourrait figurer dans ces écritures. L'avocat devra d'autant plus être diligent, et il faut rappeler les difficultés à maîtriser les règles de la procédure suivie devant la cour d'appel, notamment quant à la connaissance du champ d'application de la communication par voie électronique[1].

Aussi, dans cette étude a été appuyé le lien entre l'accélération du cours des procédures et les nouvelles technologies[2]. Ces dernières ont facilité l'imposition de tels délais de procédure dans la procédure d'appel avec représentation obligatoire. Or, ces délais encadrent l'évolution de l'affaire, et le décret prend une position respectueuse du principe de célérité[3]. Cependant, l'évolution du litige peut ne pas venir des parties ou d'une attitude dilatoire[4]. La réforme ne fait donc pas preuve de réalisme. En effet, tous les litiges sont uniques, et peuvent nécessiter un temps plus ou moins long. Pourtant, toutes les instances se plient à ces délais de rigueur et ce, malgré une durée qui pourrait être nécessaire pour que le litige soit définitivement évolué. De plus, la Cour de cassation a érigé un obstacle par la proclamation de l'obligation de concentration des moyens dans un seul procès[5]. Cela implique que les justiciables seront empêchés de faire un deuxième procès en modifiant le fondement juridique de leur demande. Un auteur remarque de ce fait, l'alignement des régimes de l'autorité de chose jugée et des demandes nouvelles en appel[6]. Les justiciables pourraient être privés définitivement de faire valoir leurs droits dans une nouvelle affaire.

Ainsi, il est certain que les nouvelles technologies prennent une part importante dans la réforme qui a été opérée au sein des cours d'appel. Cependant, même si un effet d'accélération était souhaitable, dans la mesure où les cours d'appel sont les juridictions les plus encombrées[7], cela ne doit pas se faire au détriment du droit au juge dont

---

[1] Cf. supra n° 50.
[2] Cf. supra n° 31 et 35.
[3] S. Amrani-Mekki, Y. Strickler, Procédure civile, op. cit., p. 850 citant S. Amrani-Mekki, Le principe de célérité, préc.
[4] S. Amrani-Mekki, Y. Strickler, Procédure civile, op. cit., p. 850.
[5] Ass. Plén., 7 juill. 2006, D. 2006, p. 2135, Weiller, Dr. Et proc. 2006, 348, Fricero, Procédures 2006, repère, p. 1, n° 201, Perrot, RTD civ., 2006, 825, Perrot.
[6] S. Amrani-Mekki, Y. Strickler, Procédure civile, op. cit., p. 852.
[7] Ibid.

bénéficient les justiciables. Malgré cela, une atteinte a été portée à ce droit, par l'accroissement des diligences supportées par les parties, facilité par les nouvelles technologies. Enfin, la limitation de la voie d'achèvement dans le temps circonscrira nécessairement l'évolution du litige.

60. Principe non absolu – Cette position peut être tempérée par la valeur relative du principe de double degré de juridiction en droit positif. En effet, il a été évoqué la limite inhérente au droit d'appel[1]. Mais plus que cela, il faut remarquer que le principe du double degré de juridiction n'est pas réellement consacré. La Cour européenne des droits de l'homme a pu préciser « qu'il n'incombe pas aux Etats sur le fondement de l'article 6§1, de créer des cours d'appel ou des cours de cassation »[2]. Ainsi, le double degré de juridiction n'est pas un droit affirmé par la Cour en matière civile[3]. Elle pose des garanties exigeantes quant au droit à un juge de première instance, mais relativise les obligations des Etats quant à la mise en place d'un double degré de juridiction[4].

Néanmoins, il faut rappeler que les juges européens ont décidé que dès lors qu'une instance sur recours existe dans un Etat, elle doit satisfaire aux exigences du procès équitable et par conséquent au droit au juge dégagé par la Cour en vertu de l'article 6§1[5]. Mais l'appréciation de la Cour est dans ce cas assouplie, par rapport à celle qu'elle adopte envers les juridictions de première instance[6]. Par ailleurs, en droit interne,

---

[1] Cf. supra n° 59.

[2] N. Fricero, in Droit et pratique de la procédure civile, op. cit., spéc. n° 211.51, p. 681 ; CEDH, 17 janv. 1970, Delcourt c. Belgique, req. n° 2689/65, Série A, n° 11 ; CEDH 22 févr. 1984, Sutter c. Suisse, req. n° 8209/78, Série A, n° 74 ; CEDH 31 mars 2011, Chatellier c. France, req. n° 34658/07, RTD civ. 2011, 313, obs. Marguénaud ; Procédures 2011, comm. 171, Fricero ; CEDH 3 sept. 2013, Gray c. France, req. n° 27338/11.

[3] N. Fricero, in Droit et pratique de la procédure civile, op. cit., spéc. n° 211.51, p. 681.

[4] N. Fricero, ibid., spéc. n° 211.51, p. 682.

[5] « Toutefois, si de telles juridictions sont instituées, la procédure qui s'y déroule doit présenter les garanties prévues à l'article 6, notamment en ce qu'il assure aux plaideurs un droit effectif d'accès aux tribunaux pour les décisions relatives à leurs droits et obligations de caractère civil » CEDH, 31 mars 2011, Chatellier c. France, req. n° 34658/07 §35, RTD Civ. 2011, p. 313, obs. Marguénaud ; CEDH, 23 oct. 1996, Levages Prestations Services c. France, req. n° 21920/93, Rec. CEDH-V ; D. 1997, p. 209, obs. Fricero.

[6] Rapport de la mission présidée par J.-C. Magendie, Célérité et qualité de la justice devant la cour d'appel, Doc. Fr., 24 mai 2008, p. 38.

le Conseil constitutionnel refuse de donner au principe du double degré de juridiction une valeur constitutionnelle[1]. Néanmoins, il précise qu'il constitue une garantie fondamentale à laquelle seule la loi peut déroger[2]. Egalement, le Conseil d'Etat a pu minimiser sa valeur en refusant d'y voir un principe général de procédure[3]. Malgré cela, la Cour de cassation semble démontrer un certain attachement au double degré de juridiction, mais cela ne suffit pas à en faire un principe contre lequel s'écraseraient les réformes tentant de le limiter, comme la réforme de la procédure d'appel avec représentation obligatoire. D'ailleurs, la légalité du décret du 9 décembre 2009[4] a été jugée par le Conseil d'Etat[5]. Pourtant, l'utilisation des nouvelles technologies au travers de cette réforme ne paraît pas vraiment coïncider avec le droit au juge et l'accessibilité des tribunaux. Toutefois, la Cour européenne des droits de l'homme a pu préciser que de tels délais sanctionnés sévèrement ne portent pas atteinte en eux-mêmes aux garanties du procès équitable car ils poursuivent un but légitime, c'est-à-dire, le respect du délai raisonnable de la procédure et sa célérité[6]. Il est permis de penser que cette réforme ne serait pas condamnée par les juges européens dans la mesure où le respect de l'article 6§1 n'implique pas la mise en place d'un double degré de juridiction[7]. Néanmoins il est possible d'imaginer que si l'usage de la communication par voie électronique avait été imposé aux justiciables non représentés, la Cour aurait pu conclure à la violation du droit à un procès équitable, vu par le prisme du droit au juge. En effet, cela aurait eu pour conséquence d'obliger chaque partie à être équipée d'un matériel informatique fonctionnel pour effectuer de telles communications. Il est évident que l'usage des nouvelles technologies doit être développé au sein du procès civil, et qu'une durée raisonnable des procédures doit être poursuivi. Toutefois, l'intérêt trouvé dans la rationalisation des procédures par l'usage des nouvelles technologies prévaut. La procédure

---

[1] Cons. Const., 12 févr. 2004, n° 2004-491, Rec. Cons. Const., p. 60 §4, D. 2005, somm. 1125, Ogier-Bernaud et Serverino.

[2] Cons. Const., 14 mai 1980, n° 80-113, Rec. Cons. Const., 61 ; Cons. Const. 10 mai 1988, n° 88-157, Rec. Cons. Const. 56.

[3] CE, 17 déc. 2003, Meyret et alii, AJDA 2004, 712, Markus ; et n'a pas valeur de principe général du droit selon CE 21 févr. 1968, Rec. 123 ; CE, 30 oct. 1980, Rec. 1129.

[4] Décr. n° 2009-1524 du 9 déc. 2009, JORF n° 0287 du 11 déc. 2009 p. 21386.

[5] CE, 13 juill. 2011, n° 336360 cité par S. Jougla-Ygouf, Procédure civile : même au Poker, il y a des règles…, préc.

[6] En ce sens, CEDH, 30 oct. 2012, Glykantzy c. Grèce, Procédures 2013, dossier 1, spéc. n° 18.

[7] Cf. supra même numéro.

civile, dirigiste, impose ces obligations dans un souci de meilleure justice. Les nouveautés apportées par le décret Magendie de 2009 ont suscité des difficultés dans la pratique. Cependant, l'utilisation des nouvelles technologies a fait ses preuves, si bien que la communication par voie électronique obligatoire, quand les parties sont représentées par un avocat, et la structuration des conclusions ont été étendues à d'autres procédures.

Ainsi, si la cour d'appel a pu être la juridiction privilégiée pour le déploiement de la communication par voie électronique, en ce qu'elle a permis d'en faire une obligation, c'est parce que l'atteinte au droit au juge est moindre que si une telle contrainte avait été imposée trop tôt au sein des juridictions de première instance[1]. La juridiction d'appel a été un préalable à la généralisation de la communication par voie électronique. Aujourd'hui, les difficultés relatives à l'introduction de ce mode de communication sont en grande partie résolues par la jurisprudence. L'identité des professionnels représentant les parties depuis la suppression de la profession d'avoué en 2012 signifie que ce sont les mêmes acteurs qui interviennent tant au premier qu'au deuxième degré. L'utilisation de la voie dématérialisée, obligatoire en appel, a entraîné une mutation des habitudes et a permis l'adoption du décret du 6 mai 2017[2] généralisant l'usage de la voie électronique devant le tribunal de grande instance[3], qui ne rentrera en vigueur qu'au 1er septembre 2019.

61. La dématérialisation de la procédure d'appel avec représentation obligatoire est surtout marquée par un accroissement des formalités procédurales à accomplir, dans un temps plus restreint et rigoureusement sanctionné. Mais les nouvelles technologies remettent également en question l'humanisation des audiences, au sens de la présence physique des acteurs de la procédure à ces dernières, et les principes procéduraux qui y sont liés.

---

[1] Cf. supra même numéro, l'exigence du procès équitable étant appréciée de manière plus stricte au stade de la première instance.
[2] Décr. n° 2017-892 du 6 mai 2017, JORF n° 0109, texte n° 114.
[3] Art. 796-1 nouveau CPC.

B. La relative consécration d'une procédure déshumanisée

62. La promotion d'une justice dématérialisée permet certes, de rapprocher virtuellement les justiciables des juridictions[1], notamment par le biais de la visioconférence désormais largement utilisée[2]. Cependant, cette confrontation des protagonistes du procès civil par écrans interposés[3] contribue à la production d'une justice déshumanisée. En effet, la proximité virtuelle ne peut suppléer systématiquement une proximité physique. La possibilité pour les parties de rencontrer leur juge[4] paraît ne pas devoir être remise en cause par les nouvelles technologies. De plus, l'utilisation de ces dernières peut nuire au principe de publicité des débats, car elle ne peut toujours être considérée comme l'équivalent absolu d'une présence réelle du public dans la salle d'audience où se déroulent les débats.

63. Atteinte à la publicité des débats – « Justice is not only to be done, but to be seen to be done »[5]. Cet adage manifeste l'importance d'une publicité de la justice. Cela implique que le public puisse assister à la séance d'une assemblée, ou dont les débats sont retransmis ou publiés[6]. En effet, la Cour Européenne des droits de l'homme affirme que le principe de publicité des débats « constitue l'un des moyens qui contribuent à préserver la confiance dans les cours et les tribunaux, par la transparence qu'elle donne à l'administration de la justice, elle aide à réaliser le but de l'article 6§1 : le procès équitable, dont la garantie compte parmi les principes de toute société démocratique au sens de la Convention[7]. » Toute atteinte au principe de publicité qui serait injustifiée pourrait ainsi constituer une violation de l'article 6§1 de la Convention européenne de sauvegarde des droits de l'homme et des libertés fondamentales[8]. La force de ce principe est démontrée par sa

---

[1] Cf. supra n° 31 et 44.

[2] Ibid.

[3] L. Cadiet, Le procès civil à l'épreuve des nouvelles technologies. – Rapport de synthèse, préc.

[4] Ibid.

[5] « La justice ne doit pas seulement être rendue, il faut aussi que chacun puisse voir qu'elle est rendue », N. Fricero, in Droit et pratique de la procédure civile, op. cit., spéc. n° 212. 71, p. 718.

[6] Sous la direction de G. Cornu, Association Henri Capitant, Vocabulaire juridique, op cit., p. 823.

[7] C. Chainais, F. Ferrand et S. Guinchard, Procédure civile, droits interne et de l'Union Européenne, op. cit., spéc. n° 725, p. 526 citant arrêts Pretto c. Italie et Axen c. Allemagne, 8 déc. 1983 et Sutter c. Suisse, 22 févr. 1984.

[8] Art. 6§1 CESDH qui précise que « Le jugement doit être rendu publiquement ».

consécration aussi large qu'ancienne. Il a en effet été évoqué dès la Constitution du 5 fructidor an III[1]. Le principe de publicité se retrouve dans la Déclaration universelle des droits de l'homme[2]. Aussi, dans l'article 14§1 du Pacte international relatifs aux droits civils et politiques. Notre code de procédure civile à l'article 22, en fait l'un de ses principes directeurs. Ainsi, le principe de publicité tire toute sa vigueur de cette vaste consécration. Cette force a trouvé un écho en jurisprudence. Le Conseil d'Etat dans un arrêt Dame David[3] a affirmé que la publicité des débats est un principe général du droit que seul le législateur pourrait limiter. Le principe n'est en revanche pas absolu, le code de procédure civile y prévoyant quelques dérogations[4].

Or, les nouvelles technologies peuvent porter atteinte à ce principe. En effet, l'utilisation de la visioconférence permet la dématérialisation des audiences, et la confrontation des acteurs du procès par écrans interposés[5]. Mais son usage peut nuire à la publicité des débats. Leur clarté peut ne pas être garantie par ce mode de transmission. Il a été notamment remarqué que l'accès du public à la salle de visioconférence n'est pas nécessairement aisé[6], et que la qualité de la publicité n'est pas identique à celle qui serait assurée lorsque la personne assiste physiquement aux débats. On doit donc en déduire que ce procédé ne peut être considéré comme l'équivalent d'une présence physique aux audiences. Effectivement, des retours d'expérience ont permis de mettre en évidence les problèmes rencontrés par l'intrusion des nouvelles technologies au sein des audiences. Se posent des questions pratiques, ayant toute leur incidence sur la valeur de la publicité de la séance. Pour exemple, il est primordial qu'une vision d'ensemble de la salle d'audience soit assurée, pourtant, l'usage d'un plan fixe peut la restreindre[7].

---

[1] Art. 208, Constitution du 5 fructidor an III, 1795.
[2] Art. 10 DUDH, 10 déc. 1948.
[3] CE, Ass. Dame David, D. 1975, p. 369.
[4] Art. 435 CPC : « Le juge peut décider que les débats auront lieu ou se poursuivront en chambre du conseil s'il doit résulter de leur publicité une atteinte à l'intimité de la vie privée, ou si toutes les parties le demandent, ou s'il survient des désordres de nature à troubler la sérénité de la justice. »
[5] Cf. supra n° 31 et 44 art. L. 111-12 COJ ; L. Cadiet, Le procès civil à l'épreuve des nouvelles technologies. – Rapport de synthèse, préc.
[6] S. Amrani-Mekki, Efficacité et nouvelles technologies, préc.
[7] S. Amrani-Mekki, Efficacité et nouvelles technologies, préc. évoquant l'expérience de la mise en place de la visioconférence à Saint-Pierre et Miquelon.

Mais également se pose l'interrogation, liée à la publicité des débats, de la possibilité de filmer lesdites audiences. Il est prêté au filmage des audiences un effet d'amélioration de la publicité et une pédagogie judiciaire[1]. Ce renforcement du principe de publicité est dû au fait que les acteurs de l'audience vont être exposés au regard de tous ceux qui seront amenés à visionner l'enregistrement dans le futur[2]. Egalement, cela consolide l'efficacité des recours et des preuves[3]. Or, si les audiences publiques des juridictions peuvent être enregistrées, ce n'est qu'à la condition qu'un tel enregistrement présente un intérêt pour la constitution d'archives de la justice[4]. Ainsi, le principe est l'interdiction de la médiatisation de la justice, posé par l'article 38 ter de la loi du 29 juillet 1881[5]. Néanmoins, l'expérience positive rencontrée dans d'autres Etats pourrait peut-être remettre le droit positif en question, à tout le moins, à nous amener à réfléchir sur son bien-fondé. En effet, en Espagne, l'enregistrement des audiences est permis. Il est par ailleurs sécurisé juridiquement, car si un problème intervient dans le filmage et empêche de connaître le contenu des débats, alors, l'audience est déclarée nulle et doit être réitérée[6]. Un auteur a pu appuyer les bénéfices offerts dans le procès civil espagnol du fait de l'enregistrement des audiences[7]. De ce fait, les interventions des acteurs de la procédure seraient mieux préparées, sachant qu'ils seront filmés, et pourront être regardés et contrôlés dans le futur[8]. La qualité de la justice rendue est en outre améliorée car les magistrats ont la possibilité de revoir les audiences pour préparer leurs décisions, et les juges d'appel peuvent consulter l'enregistrement de l'audience de première instance. L'auteur conclut que cet enregistrement a « forcé la célébration des audiences[9] », et surtout, la

---

[1] Ibid. ; L. Cadiet, Le procès civil à l'épreuve des nouvelles technologies. – Rapport de synthèse, préc.

[2] L. Cadiet, Le procès civil à l'épreuve des nouvelles technologies. – Rapport de synthèse, préc.

[3] Ibid.

[4] Art. L. 221-1 à L. 222-3 C. patr., L. n° 85-699, 11 juill. 1985, JORF du 12 juill. 1985 p. 7865 ; Décr. n° 86-74, 15 janv. 1986, JORF 17 janv. 1986, p. 824.

[5] Loi du 29 juill. 1881, JORF 30 juill. 1881, p. 4201.

[6] F. Gascón Inchausti, L'introduction des nouvelles technologies dans le procès civil espagnol, Procédures n° 4, avr. 2010, dossier 7, à propos du système d'enregistrement des audiences prévu par le code de procédure civile espagnol aux art. 147 à 187.

[7] Ibid.

[8] Ibid. ; L. Cadiet, Le procès civil à l'épreuve des nouvelles technologies. – Rapport de synthèse, préc.

[9] F. Gascón Inchausti, L'introduction des nouvelles technologies dans le procès civil espagnol, préc.

célébration d'audiences de meilleure qualité. La transposition de cette solution en France permettrait encore d'étayer les enrichissements apportés par les nouvelles technologies à la qualité du procès. Une évolution vers une plus grande clarté des débats serait envisageable, et le rapport Linden rendu en 2005[1] a émis une telle proposition. Mais ce n'est qu'à la condition que des dispositions soient prises pour que la protection des personnes et la qualité des débats soient assurées. Cependant, un tel filmage pourrait avoir des effets néfastes, et la Cour européenne des droits de l'homme a pu considérer que le filmage des audiences à une fin de retransmission « ne saurait remplacer la présence du public sur place, l'un des principaux moyens d'assurer la transparence et la critique par le public du pouvoir judiciaire »[2].

Il faut alors retenir que l'usage de la visioconférence et des médias audiovisuels peut porter atteinte au principe de publicité dans la mesure où il ne peut offrir les mêmes qualités qu'une présence réelle du public dans la salle d'audience. Le filmage, ou l'assistance à une audience par visioconférence ne permet pas d'assurer une publicité optimale des débats. Cependant, les avantages de l'enregistrement des audiences sont réels. A condition que celui-ci soit règlementé et encadré, il pourrait contribuer à une meilleure qualité de la justice.

64. Remise en cause de la présence des parties – Evidemment, les nouvelles technologies ont cet effet de permettre une « proximité virtuelle[3] », lorsqu'une proximité physique n'est pas possible, ou serait difficilement réalisable. Cela permet aussi d'éviter les déplacements, ce qui explique leur large utilisation par les juridictions[4]. Aussi, les nouvelles technologies peuvent nuire à ce qui a été appelé en doctrine un « principe de présence »[5], considéré comme une composante d'un procès civil efficace[6]. Il énonce la nécessité d'une rencontre physique entre le

---

[1] Rapport Linden, 22 févr. 2005, www.justice.gouv.fr ; Les procès filmés, Les Annonces de la Seine 3 mars 2005 ; Gaz. Pal. 24 févr. 2005, p. 34.
[2] CEDH, 6 mai 2003, P4 Radio Hele Norge c. Norvège, req. n° 76682/01.
[3] F. Desprez, Réforme de la carte judiciaire et visioconférence : d'une proximité physique à une proximité virtuelle, préc.
[4] Cf. supra n° 30, 31, 43.
[5] S. Amrani-Mekki, Efficacité et nouvelles technologies, préc., citant E. Jeuland, Arbitrage en ligne et procès virtuel : pour le principe de présence, Dr. et proc. 2007, p. 262 et s.
[6] Ibid.

juge et les parties[1]. Or, un éloignement entre les acteurs de la procédure est issu du recours aux visioconférences, posant la question de l'opportunité de consacrer la prérogative d'être entendu en personne par un juge. Un auteur estime que priver les parties de la possibilité de rencontrer leur juge pourrait parfois être contraire au droit à un procès équitable[2]. Cette opinion n'est pas isolée, puisqu'un tel principe de présence a pu être consacré dans d'autres Etats. En effet, en Espagne, il est considéré nécessaire que le juge soit présent physiquement pour trancher lui-même le litige, et que la décision soit rendue à la suite d'une audience durant laquelle les parties formulent leurs prétentions et les moyens à l'appui[3]. En droit de la procédure civile espagnol, ce principe est appelé « principe d'immédiateté »[4]. Il exclut la dématérialisation des audiences et la sanction encourue est la nullité de plein-droit des actes ne respectant pas ce principe[5]. L'auteur souligne l'importance d'un contact direct entre le juge, les parties, les experts, et les preuves[6]. Mais il faut rappeler que le code de procédure civile espagnol promeut une procédure orale, et non écrite, d'où l'impact d'un tel principe de présence. Cependant, ce point de vue a pu être repris par la doctrine, en effet, le respect de ce principe permettrait d'éviter une procédure complètement dématérialisée[7]. Ainsi, l'affirmation du droit des justiciables à rencontrer leur juge permettrait de pallier ces inconvénients, et d'anticiper une présence des nouvelles technologies qui sera sûrement de plus en plus prégnante en la matière. En effet, « tenir audience, c'est d'abord entendre les autres[8] », et l'assurance d'un contact immédiat entre les protagonistes aurait l'intérêt d'empêcher une déshumanisation de la procédure civile. Ce phénomène est par ailleurs actuellement palpable au sein des juridictions. Les magistrats profiteraient de la communication par voie électronique et des visioconférences pour s'exonérer de tout contact physique avec les avocats, et même parfois leur interdire l'accès à des

---

[1] L. Cadiet, Le procès civil à l'épreuve des nouvelles technologies. – Rapport de synthèse, préc.

[2] S. Amrani-Mekki, Efficacité et nouvelles technologies, préc.

[3] Art. 137 du code de procédure civile espagnol in F. Gascón Inchausti, L'introduction des nouvelles technologies dans le procès civil espagnol, préc.

[4] F. Gascón Inchausti, L'introduction des nouvelles technologies dans le procès civil espagnol, préc.

[5] Ibid.

[6] Ibid.

[7] S. Amrani-Mekki, Efficacité et nouvelles technologies, préc. ; L. Cadiet, Le procès civil à l'épreuve des nouvelles technologies. – Rapport de synthèse, préc.

[8] H. Croze, Qu'est-ce qu'une audience ?, Procédures n° 5, Mai 2012, repère 5.

audiences[1]. Le risque d'une déshumanisation s'est réalisé, les nouvelles technologies de l'information et de la communication entraînent la réduction de ces échanges directs. La doctrine a pu regretter la diminution de ce contact entre magistrats et avocats[2]. Et ce phénomène serait particulièrement préjudiciable au sein de la procédure orale. En effet, celle-ci implique une présence des parties à l'audience, afin de présenter leurs prétentions et moyens. Ainsi, le principe de l'oralité postule la comparution personnelle des parties[3]. L'interactivité recherchée dans ce type de procédure ne sera permise que par la présence physique des parties devant le juge. Cela permettra notamment une tentative de conciliation, mais aussi le prononcé d'une meilleure décision. Cette obligation est parfois même confortée. C'est le cas devant les conseils de prud'hommes où la comparution de la partie est primordiale, et la représentation rarement admise[4]. Il est possible de soutenir que l'emploi de visioconférences ferait perdre cet intérêt aux procédures orales, et leur serait dommageable car serait moins efficace qu'une rencontre directe. En effet, une mise en présence physique permet de faciliter le dialogue et la confrontation des parties.

Ainsi, pour remédier à ce risque d'une déshumanisation du procès civil, qui s'est déjà partiellement réalisé, le pouvoir règlementaire n'est pas sans moyens. Certes, cela peut paraître prématuré, mais rappelons que la généralisation et l'expansion de l'usage des nouvelles technologies, et notamment de la communication par voie électronique pourraient bien être à venir. Il n'est donc pas inopportun de chercher des palliatifs à ce risque. La solution proviendrait alors de la consécration du principe de présence, souhaitée par quelques auteurs, et existant notamment en procédure civile espagnole[5].

65. Par conséquent, si la maîtrise technique des nouvelles technologies en procédure civile, a sans doute été atteinte, la sécurité juridique elle, n'est pas garantie. En effet, le choix de prendre des arrêtés pour le déploiement de la communication par voie électronique était peut être une bonne chose afin de sécuriser son emploi, mais la multiplicité

---

[1] Rédaction Lextenso, M. Bencimon, A. Boccara, E. Boccara, S. Jougla-Ygouf, RPVA : le passage du virtuel au réel, Gaz. Pal., 12 mars 2013, n° 71, p. 8.

[2] Ibid.

[3] Art. 446-1 CPC.

[4] « Les parties comparaissent en personne, sauf à se faire représenter en cas de motif légitime. » Art. R. 1453-1 du code du travail exigeant la comparution personnelle des parties et limitant la représentation.

[5] Cf. supra même numéro.

des textes, et leur diversité substantielle sèment la confusion. Parfois, les textes sont difficiles à lire, d'autant plus qu'ils doivent être conciliés avec l'application du titre XXI du code de procédure civile. Cela signifie qu'il peut exister deux niveaux de lecture, notamment pour les dispositions relatives à la communication par voie électronique devant la cour d'appel quand la représentation est obligatoire. La passation de protocoles de procédure entre les juridictions et les ordres afférents complique également le paysage procédural des tribunaux civils. De telles conventions ont prospéré jusqu'aujourd'hui, et leur nombre conséquent ajoute au morcellement des textes applicables en la matière. Ces considérations démontrent qu'une atteinte certaine a été portée au droit au juge. Et cette atteinte a été encore plus forte dans les instances sur recours. Effectivement, les réformes mises en œuvre au sein des cours d'appel ont restreint leur accessibilité par les justiciables. L'enfermement de l'évolution du litige dans des délais stricts a été permis par les nouvelles technologies, ce qui est un usage critiquable de ces dernières. Finalement, une déshumanisation de la procédure civile est constatée, marquée par un affaiblissement du principe de publicité des débats, et un éloignement des acteurs du procès. Cependant, des palliatifs existent, et il serait souhaitable qu'ils soient mis en œuvre par le pouvoir règlementaire. Les risques des nouvelles technologies se sont donc ainsi manifestés, principalement sous la forme d'atteintes au droit au juge. Mais ils sont également inhérents à un dispositif règlementaire perfectible.

Section 2 : Des risques afférents à un dispositif règlementaire perfectible

66. La dématérialisation du procès civil a entraîné plusieurs réformes successives modifiant le code de procédure civile. Afin d'assurer leur bonne mise en œuvre, le réformateur a procédé en suivant une démarche d'équivalence, qui permet d'assurer que les procédés utilisant les nouvelles technologies offrent autant de garanties que les anciens s'appuyant sur le classique support papier[1]. Tel a notamment été le cas dans le développement de la communication par voie électronique. Néanmoins, lorsqu'il a décidé d'introduire les nouvelles technologies en procédure civile, le pouvoir règlementaire a dû faire des choix. Si de nombreuses qualités sont prêtées au régime mis en place, il n'est pas

[1] C. Bléry, in Droit et pratique de la procédure civile, Droits interne et de l'Union Européenne, op. cit., spéc. n° 161.08, p. 457 ; E. de Leiris, Communication électronique, préc.

exempt de critiques. Spécialement dans le régime de la communication par voie électronique, des lacunes peuvent être relevées, et celles-ci menacent la sécurité juridique dont devraient bénéficier les justiciables. Cela tient au bénéfice d'un régime complet, sécurisé tant sur le plan technique que sur le plan juridique. Plus que cela, il devrait être attendu un profit de l'usage des nouvelles technologies pour tous. Cependant, il sera observé que les textes en la matière s'adressent plutôt aux praticiens du droit, qu'aux justiciables eux-mêmes. Mais un début d'élargissement est observé.

Ainsi, l'intrusion des nouvelles technologies en procédure civile est perfectible. En effet, le dispositif règlementaire traitant de la communication par voie électronique est corrigible (§1) et ses dispositions doivent être adaptées. Par ailleurs, si l'utilisation monopolistique des nouvelles technologies a pu se retourner contre ses acteurs, néanmoins un élargissement a pu être constaté au profit de tous (§2).

§1 Une règlementation corrigible de la communication par voie électronique

67. Le régime de la communication par voie électronique s'est révélé imparfait. Ces insuffisances traduisent deux types de lacunes.

Dans un premier temps, un oubli a pu être relevé au sein du titre XXI traitant de la communication par voie électronique. En effet, rappelons que la transmission par cette voie doit être règlementée par un arrêté pris par le Garde des sceaux, fixant ses modalités. Or, qu'en est-il lorsqu'une communication emprunte la voie dématérialisée alors qu'aucun arrêté n'a été pris pour l'encadrer ? Sur ce point, rien n'a été prévu dans le code de procédure civile.

Dans un second temps, le régime de la communication par voie électronique s'était révélé inadapté aux évolutions en la matière. En effet, a été constaté un usage de plus en plus développé de celle-ci. L'exigence de consentement qui était nécessairement demandée pour qu'une transmission puisse intervenir par cette voie fût alors adaptée.

Ainsi, les carences afférentes au dispositif règlementaire tiennent, d'une part, au défaut de sanction d'une communication par voie électronique non autorisée (A), et d'autre part, à un ajustement de l'exigence de consentement (B).

A. Le défaut de sanction d'une communication par voie électronique non autorisée

68. Ce défaut de sanction d'une communication par voie électronique qui ne serait pas autorisée résulte d'un oubli au sein de l'article 748-6 qui ne prévoit pas que ses dispositions sont prescrites à peine de nullité[1]. Le pouvoir règlementaire aurait pu corriger cette absence, notamment à l'occasion du décret du 11 mars 2015[2] qui a modifié le titre XXI du code de procédure civile, mais il ne l'a pas fait. Ainsi, peut-on considérer qu'une transmission par voie électronique n'intervenant pas dans le cadre d'un arrêté a une valeur juridique ?

69. Hypothèses diversifiées – Il convient d'observer dans quelle mesure une telle communication peut intervenir au sein des différentes juridictions et procédures. Au regard des termes de l'article 748-6, tout échange par la voie électronique en dehors d'un arrêté technique semble être défendu[3]. Deux hypothèses sont à distinguer. Soit la transmission de données par voie électronique est autorisée et elle est une communication par voie électronique au sens du titre XXI du code de procédure civile. Soit elle n'est pas prévue par un arrêté, et dans ce cas, elle n'est pas une communication par voie électronique au sens dudit titre[4]. Il faut alors déterminer dans quels cas de figure ce problème peut se présenter. Il a été vu que c'est en matière de procédure écrite que les règlementations relatives à la communication par voie électronique ont été le plus développées[5]. En effet, devant la Cour de cassation et les tribunaux de grande instance, l'intégralité des actes visés à l'article 748-1 du code de procédure civile, peuvent être envoyés par voie électronique. Ainsi, devant ces juridictions, le cas de figure ne se présentera pas, étant donné que tout acte peut être communiqué par voie électronique[6]. Néanmoins, pour une procédure qui se déroulerait devant la cour d'appel quand la représentation est obligatoire, la totalité des actes de procédure n'est pas transmissible par la voie électronique[7]. De ce fait, comment l'auxiliaire

---

[1] C. Bléry, J.-P. Teboul, Quelles conséquences procédurales pour une communication par voie électronique non autorisée ?, JCP G n° 51, 17 déc. 2012, 1360.

[2] Décr. n° 2015-282 du 11 mars 2015, JORF n °0062 du 14 mars 2015 p. 4851.

[3] E. de Leiris, Communication électronique, préc.

[4] C. Bléry et J.-P. Teboul, Quelles conséquences procédurales pour une communication par voie électronique non autorisée ?, préc.

[5] Cf supra n° 15.

[6] Cf supra n° 50.

[7] Cf supra n° 50.

de justice doit-il les notifier à la juridiction ? Une solution a été proposée par un auteur qui estime que leur envoi par voie électronique devrait être exclu[1], ces actes n'étant pas visés par l'arrêté du 30 mars 2011[2]. De plus, avant le 1er janvier 2013, le champ d'application de la communication par voie électronique quant aux actes était restreint ce qui a pu donner lieu à un contentieux, notamment autour de la notification des conclusions des parties[3]. Ainsi, en matière de procédure écrite, le problème se posera essentiellement devant les cours d'appel. Mais il concerne aussi la procédure orale. En effet, si les parties sont représentées, les avocats pourront tout à fait échanger par le biais du réseau privé virtuel avocat, à la condition qu'un arrêté ait été pris selon les dispositions de l'article 748-6 du code de procédure civile[4]. Or, à ce jour, un tel arrêté n'a été pris que pour le tribunal de commerce[5]. Dans ce cas, il n'existe pas d'obstacle à ce que les écritures et les pièces soient envoyées au greffe par voie électronique. Il faut toutefois préciser que sauf dispense de présence à l'audience, la partie devra s'y rendre afin d'exposer ses prétentions[6]. A défaut, la juridiction ne sera pas saisie, malgré l'envoi des écritures par voie électronique[7]. Néanmoins, si la communication par voie électronique n'est pas prévue devant le tribunal concerné, les actes envoyés par voie électronique devront également l'être selon les règles prévues pour l'envoi, la remise ou notification de l'acte en question[8]. C'est-à-dire qu'ils n'auront une valeur juridique que s'ils sont doublés par un envoi respectant les dispositions applicables devant la juridiction concernée[9]. Dans le cadre d'une procédure orale, les parties devront alors se présenter à l'audience pour reprendre leurs écritures. Mais si les parties représentées sont dispensées de présence à l'audience, les écritures ne pourront être communiquées que sur support papier, et s'il est fait le choix de les communiquer par voie électronique, elles se heurteront à une irrecevabilité[10].

---

[1] C. Bléry, Procédure avec représentation obligatoire devant les cours d'appel et communication par voie électronique : panorama (sans doute non exhaustif) des difficultés, Procédures n° 10, oct. 2013, dossier 4.
[2] Arr. du 30 mars 2011, JORF n° 0076 du 31 mars 2011, p. 5600.
[3] Cf infra n° 70.
[4] Cf supra n° 12.
[5] Arr. du 21 juin 2013, JORF n° 0146 du 26 juin 2013, p. 10526.
[6] Art. 446-1 CPC.
[7] Ibid.
[8] E. de Leiris, Communication électronique, préc. ; C. Bléry, J.-P. Teboul, Quelles conséquences procédurales pour une communication par voie électronique non autorisée ?, préc.
[9] E. de Leiris, Communication électronique, préc.
[10] Ibid.

Ainsi, une transmission électronique non autorisée peut intervenir dans divers cas de figure. Il convient de préciser quelle sera la sanction à leur attacher, et c'est la jurisprudence qui est venue en définir les contours.

70. Précisions jurisprudentielles – La jurisprudence s'est attelée à préciser quelle devait être la sanction d'une communication par voie électronique non autorisée. Devant les juridictions soumises à l'oralité, les écrits sont irrecevables si la partie ne comparaît pas à l'audience pour les présenter, lorsqu'elle ne bénéficie pas d'une dispense de présence[1]. C'est encore l'irrecevabilité qui devrait s'imposer aux transmissions par voie électronique non autorisées en cas de défaut d'arrêté pris pour l'application du titre XXI du code de procédure civile, alors que la partie bénéficiait d'une dispense de présence à l'audience[2]. Mais le problème s'est surtout présenté en matière de procédure avec représentation obligatoire devant la cour d'appel. La question était de savoir quel sort réserver à une communication par voie électronique qui n'est pas autorisée par l'arrêté du 30 mars 2011[3]. En fait, le problème s'est posé pour les conclusions des avocats qui auraient emprunté la voie électronique, alors que cette possibilité n'a été généralisée à toutes les juridictions que depuis le 1er janvier 2013[4]. Il concerne aussi plus généralement les difficultés liées à la rédaction des multiples arrêtés pris pour l'application de la communication par voie électronique. Ainsi, certains envois ont donné lieu à des difficultés, ce qui a amené la Cour de cassation à préciser la sanction qui doit être attachée à un acte communiqué hors cadre d'un arrêté technique. Des solutions différentes ont pu être prononcées, en fonction du destinataire de l'acte litigieux.

---

[1] Art. 446-1 CPC, et cf. supra n° 15 et 16.

[2] C. Bléry, J.-P. Teboul, Quelles conséquences procédurales pour une communication par voie électronique non autorisée ?, préc.

[3] Art. 2 et 3, arr. du 30 mars 2011, JORF n° 0076 du 31 mars 2011, p. 5600.

[4] Après modification de l'arr. du 30 mars 2011 relatif à la communication par voie électronique dans les procédures avec représentation obligatoire devant les cours d'appel, JORF n° 0076 du 31 mars 2011, p. 5600 par l'Arrêté du 20 décembre 2012, JORF n° 0001 du 1er janv. 2013, p. 72.

Quant à un acte envoyé à une juridiction par la voie électronique alors que cela n'est pas permis, un arrêt de la Cour de cassation rendu le 24 septembre 2015[1] a donné des éléments de réponse. La sanction est une fin de non-recevoir, l'acte en question étant irrecevable[2]. En l'espèce, l'avocat de l'appelant avait notifié dans le délai de trois mois ses conclusions à l'avocat de l'intimé, par voie électronique, et ne les avait pas remises au greffe de la cour d'appel selon les dispositions applicables. Ainsi, les juges ont déduit que les conclusions transmises par l'avocat de l'appelant n'étaient pas recevables. De ce fait, il n'avait pas conclu dans le délai de trois mois qui lui était imparti à peine de caducité. Au moyen du pourvoi était soutenu que l'irrégularité de la notification entre avocats était un vice de forme n'entraînant la nullité que sur justification d'un grief. Mais cette argumentation fut balayée par la deuxième chambre civile qui a choisi de ne se prononcer que sur la remise irrégulière au greffe de la juridiction. La caducité encourue est alors automatique lorsque les conclusions n'ont pas été notifiées au greffe de manière régulière, et la fin de non-recevoir s'imposant aux parties n'a pas à être discutée[3]. Cette solution a pu être critiquée. Un auteur regrette le refus de la Cour de cassation de ne pas voir dans l'obligation de transmission par voie électronique une « simple condition de forme de l'acte »[4]. Ainsi, de la qualification de la sanction de l'acte transmis irrégulièrement découle l'automaticité ou non de la caducité de la déclaration d'appel. Il est vrai qu'une telle rigidité peut être contestée. En effet, il n'y a pas eu défaut de transmission, mais une notification irrégulière n'empruntant pas les formes prévues par le règlement. Or, selon cette jurisprudence, la déclaration d'appel se trouve privée d'effet pour une question de transmission d'un acte, ce qui paraît être une sanction sévère[5]. Le retour à une nullité pour vice de forme permettrait de valider l'acte et de ne sanctionner un tel envoi que si un grief est prouvé,

---

[1] Civ 2ème, 24 sept. 2015, n° 13-28017, Juris-Data n° 2015-021092, cité par N. Fricero, in Remise irrégulière des conclusions au greffe de la cour d'appel et caducité de la déclaration d'appel, JCP G n° 48, 23 nov. 2015, 1278 ; E. de Leiris in Communication électronique, préc. ; H. Croze, Caducité de la déclaration d'appel pour défaut de dépôt des conclusions de l'appelant, Procédures n° 12, déc. 2015, comm. 346.

[2] E. de Leiris in Communication électronique, préc.

[3] N. Fricero, in Remise irrégulière des conclusions au greffe de la cour d'appel et caducité de la déclaration d'appel, préc.

[4] H. Croze, Caducité de la déclaration d'appel pour défaut de dépôt des conclusions de l'appelant, préc.

[5] Ibid., qui aurait souhaité un tel assouplissement nécessaire et la constatation d'une nullité pour vice de forme.

les droits de la défense étant alors respectés. La sanction de l'irrecevabilité a été réaffirmée par la Cour de cassation dans deux arrêts du 10 novembre 2016 qui concernaient la procédure d'appel sans représentation obligatoire en matière d'expropriation pour cause d'utilité publique. Dans le premier arrêt[1], les juges ont décidé qu'une déclaration d'appel enregistrée par le réseau privé virtuel avocat était recevable. Cet acte est en effet visé par l'arrêté du 5 mai 2010[2] et peut être envoyé par cette voie à la juridiction. Dans la seconde espèce[3], la deuxième chambre civile a affirmé que les écritures des parties ne sont pas au nombre des actes de procédure visé par ledit arrêté et pouvant alors être communiqué par voie électronique. L'irrecevabilité du mémoire notifié a été prononcée. Ces deux arrêts témoignent de la sévérité de la jurisprudence qui s'en tient à une lecture stricte de l'arrêté du 5 mai 2010[4]. Si cette interprétation a le mérite de respecter les textes, elle met en exergue le défaut de cohérence des arrêtés techniques et la difficulté pour les avocats à connaître l'exactitude des actes de procédure pouvant être envoyés par cette voie.

Mais la Cour de cassation a pu adopter une approche plus souple et détachée des textes. Dans un arrêt du 1er décembre 2016[5], les hauts conseillers ont énoncé que la déclaration d'appel saisissant la cour d'appel en cas de renvoi après cassation doit être remise par voie électronique. Si la déclaration d'appel est visée par l'arrêté du 30 mars 2011[6], le doute existait quant aux modalités de sa remise quand elle intervient après un renvoi devant la cour d'appel. La Cour de cassation pallie la mauvaise rédaction de l'arrêté en considérant que les actes de procédure doivent être remis à la cour d'appel par voie électronique quand la représentation est obligatoire[7]. Si cette position a le mérite de la simplicité et de la cohérence, pourtant, elle nie l'existence de l'arrêté et

---

[1] Civ. 2ème, 10 nov. 2016, n° 14-25.631, in H. Croze, Procédure sans représentation obligatoire, Procédures n° 1, janvier 2017, comm. 1 ; JCP G n° 21, 22 mai 2017, doctr. 585.

[2] Arr. du 5 mai 2010, JORF n° 0111 du 15 mai 2010, p. 9041.

[3] Civ. 2ème, 10 nov. 2016, n° 15-25.431, in H. Croze, Procédure sans représentation obligatoire, op. cit. ; JCP G n° 21, 22 mai 2017, doctr. 585.

[4] Arr. du 5 mai 2010, JORF n° 0111 du 15 mai 2010, p. 9041.

[5] Civ 2ème, 1er déc. 2016, n° 15-25.972.

[6] Arr. du 30 mars 2011, JORF n° 0076 du 31 mars 2011, p. 5600.

[7] C. Bléry, Renvoi après cassation : saisine de la cour par voie électronique, Dalloz actualité, 14 déc. 2016, à propos de Civ 2ème, 1er déc. 2016, n° 15-25.972.

s'oppose à la vision stricte de la Cour adoptée des deux arrêts du 10 novembre 2016[1].

Pour autant, ce n'est pas la même sanction qui a été dégagée à l'encontre des actes envoyés par voie électronique entre parties, alors que cet envoi n'est pas prévu par un arrêté technique. Un arrêt de la Cour de cassation du 16 mai 2013[2] a affirmé que « l'irrégularité de la notification préalable à avocat est un vice de forme qui n'entraîne la nullité de la signification destinée à la partie que sur justification d'un grief. » Cette solution fût entérinée par la Cour dans un arrêt datant du 16 octobre 2014[3]. En l'espèce, l'appelant avait remis ses conclusions au greffe par voie électronique le dernier jour du délai qui lui était imparti. Il les avait notifiées à l'avocat de l'intimé le même jour. La partie intimée invoque la caducité de la déclaration d'appel. La cour d'appel lui donne raison et constate la caducité pour défaut de remise au greffe des conclusions dans le délai requis et de notification régulière dans le même délai à l'avocat de la partie adverse. L'appelant se pourvoit en cassation et obtient gain de cause. Si la Cour ne se prononce pas sur la transmission des conclusions transmise par voie électronique hors arrêté au greffe[4], elle précise la sanction applicable en cas de notification par voie électronique erronée des conclusions de l'appelant à son contradicteur. Dans un premier temps, elle constate la violation de l'article 16 du code de procédure civile contenant une obligation générale s'imposant aux magistrats[5]. En effet, la cour d'appel a relevé d'office le moyen tiré de l'absence de remise des conclusions au greffe, sans provoquer les observations des parties. Dans un second temps, sur le non-respect de l'article 911 du code de procédure civile[6] par l'appelant, la deuxième

---

[1] Ibid.

[2] Civ. 2ème, 16 mai 2013, n° 12-19086, in A. Portmann, Notification entre avocats par voie électronique : la Cour de cassation élude la question Dalloz actualité, 23 mai 2013 ; E. de Leiris, Communication électronique.

[3] Civ. 2ème, 16 oct. 2014, n° 13-17999, Juris-Data n° 2014-024134, in C. Bléry et J.-P. Teboul, Fin de controverse : la conséquence procédurale pour une communication par voie électronique non autorisée est une nullité de forme, JCP G n° 52, 22 déc. 2014, 1331 ; E. de Leiris, Communication électronique, préc.

[4] C. Bléry et J.-P., Teboul, Fin de controverse : la conséquence procédurale pour une communication par voie électronique non autorisée est une nullité de forme, préc.

[5] Art. 16 al. 3 CPC précisant qu' « il ne peut fonder sa décision sur les moyens de droit qu'il a relevés d'office sans avoir au préalable invité les parties à présenter leurs observations. »

[6] Art. 911 al. 1er CPC précisant que « sous les sanctions prévues aux art. 908 à 910, les conclusions sont notifiées aux avocats des parties dans le délai de leur remise au greffe de la cour. »

chambre civile précise qu'une notification entre avocats qui serait effectuée par voie électronique, alors que cela n'est pas autorisé, vaut formellement notification et se trouve soumise au droit commun des nullités. Le prononcé de la nullité suppose la preuve d'un grief[1]. Cet arrêt crée donc un nouveau cas de nullité pour vice de forme. En effet, il est rendu au visa de l'article 114 du code de procédure civile. Il semblerait que la Cour considère désormais que les dispositions de l'article 673 du code de procédure civile sont prescrites à peine de nullité, faisant de celles-ci une formalité substantielle, nécessaire à l'application de l'article 114 dudit code[2]. Ainsi, la cour d'appel ne pourra constater la caducité qu'à la condition qu'elle démontre le grief causé à la partie adverse, conséquence de l'irrégularité de la notification. La sanction de la caducité n'est pas automatique dans ce cas[3].

Il n'est pas certain que la variation de la sanction d'une transmission par voie électronique non autorisée soit réellement opportune. Elle est source d'une certaine insécurité juridique[4]. Dès lors, il aurait été souhaitable que le pouvoir règlementaire intervienne pour clarifier et unifier la sanction applicable en cas de communication par voie électronique non ouverte.

71. L'article 748-6 du code de procédure civile ne prévoyant aucune sanction en cas de notification par voie électronique non autorisée, celle-ci a dû être précisée par la jurisprudence. En procédure orale, la sanction sera essentiellement l'irrecevabilité de l'usage de la voie électronique hors cadre d'un arrêté, n'existant à ce jour que pour les tribunaux de commerce. Si la possibilité de communiquer par voie électronique existe, le principe de l'oralité impose la présentation des prétentions et moyens à l'audience. Mais le problème s'est surtout posé en matière de procédure d'appel. De ce fait, la Cour de cassation a opéré une distinction. Si l'acte a été transmis irrégulièrement par voie électronique à la juridiction, la sanction sera une fin de non-recevoir qui provoquera la caducité systématique de la déclaration d'appel. Si l'acte a été notifié par ce mode

---

[1] C. Bléry et J.-P. Teboul, Fin de controverse : la conséquence procédurale pour une communication par voie électronique non autorisée est une nullité de forme, préc.
[2] E. de Leiris, Communication électronique, préc.
[3] Contrairement à l'irrecevabilité affectant un acte transmis de manière irrégulièrement à la juridiction, cf. supra même numéro, dans le même sens, C. Bléry et J.-P. Teboul, Fin de controverse : la conséquence procédurale pour une communication par voie électronique non autorisée est une nullité de forme, préc.
[4] Ibid. questionnant l'opportunité d'une telle distinction qui serait dénuée de fondement tant l'irrégularité est incontestable.

illégalement à une autre partie, la caducité de la déclaration d'appel entachée d'un vice de forme sera conditionnée à la preuve d'un grief. Mais l'insuffisance du dispositif règlementaire initial s'est également traduite par sa désuétude relative à l'exigence de consentement, et celle-ci a dû être ajustée pour que la communication par voie électronique puisse subsister.

B. Un ajustement nécessaire de l'exigence de consentement

72. La nécessité du consentement du destinataire des envois, remises et notifications visés par l'article 748-1, à l'utilisation de la voie électronique est posée par l'article 748-2 du code de procédure civile[1]. Ainsi, la transmission par voie électronique est subordonnée au consentement préalable de la partie destinataire de l'acte. Néanmoins, au fur et à mesure du déploiement de la communication dématérialisée, cette disposition a pu paraître quelque peu désuète, et a donné lieu à des hésitations jurisprudentielles. A ce jour, la question a été opportunément résolue par un avis du 9 septembre 2013 de la Cour de cassation[2], consacré par le décret du 11 mars 2015[3]. Cependant, le consentement exprès reste la règle pour les non-auxiliaires de justice.

73. « Consentement exprès tacite »[4] - L'article 748-2 du code de procédure civile impose que le consentement à la communication par voie électronique soit exprès. Cela implique que le consentement soit « formellement exprimé, explicitement manifesté[5]. » Cette manifestation est en général faite par écrit, parfois par la parole, ou même par de simples signes ou gestes consacrés par l'usage[6]. Ainsi, le consentement exprès à l'usage de la communication par voie électronique est l'accord déclaré à recevoir, envoyer, remettre et notifier les actes visés à l'article 748-1 du code de procédure civile par cette voie. Une seule exception est posée à l'obligation d'un consentement exprès. Elle résulte du cas où la

---

[1] Art. 748-2 CPC « Le destinataire des envois, remises et notifications mentionnés à l'article 748-1 doit consentir expressément à l'utilisation de la voie électronique, à moins que des dispositions spéciales n'imposent l'usage de ce mode de communication. »

[2] Cass., avis, 9 sept. 2013, n° 15012, demande n° 13-70005.

[3] Décr. n° 2015-282 du 11 mars 2015, JORF n° 0062 du 14 mars 2015, p. 4851.

[4] C. Bléry, La Cour de cassation valide le consentement exprès tacite !, JCP G n° 39, 23 sept. 2013, 979 à propos de l'avis du 9 sept. 2013.

[5] Sous la direction de G. Cornu, Association Henri Capitant, Vocabulaire juridique, op cit., p. 436.

[6] Ibid.

communication par voie électronique est imposée par des dispositions spéciales[1]. Le problème s'est posé là encore en matière de procédure avec représentation obligatoire devant la cour d'appel. En effet, l'emprunt de la voie électronique pour la notification entre parties au procès n'est que facultatif[2]. Les avocats arguaient que les notifications effectuées par voie électronique étaient nulles car ils n'y avaient pas consenti. Cependant, ils étaient adhérents au réseau privé virtuel avocat et à e-barreau[3]. La position jurisprudentielle majoritaire[4], représentée par un arrêt de la cour d'appel de Bordeaux du 5 mars 2012[5], a considéré que l'adhésion au réseau privé virtuel avocat par un avocat vaut consentement à l'utilisation de la voie électronique pour la notification des actes de procédure à son égard, et ce, peu important que la communication des actes en question par cette voie serait facultative. De ce fait, le consentement exprès de l'auxiliaire de justice n'a pas à être relevé. Certains auteurs ont pu saluer cette décision, car elle serait respectueuse de la loyauté, de la cohérence et de la confraternité attendue d'un auxiliaire de justice[6]. En effet, il serait difficile d'admettre que l'avocat consente à utiliser cette voie simplement pour quelques actes, et refuse de l'emprunter pour d'autres. Mais un arrêt rendu par la cour d'appel de Toulouse, le 4 décembre 2012[7] a pris le contrepied de cette solution. Les juges ont eu une interprétation stricte de l'article 748-2 du code de procédure civile et ont refusé que le consentement de l'avocat à la communication par voie électronique résulte de son adhésion au réseau privé virtuel avocat. Cette décision, respectueuse de l'article 748-2, a été approuvée[8]. En effet, les arrêts reposant sur un consentement présumé par l'adhésion au réseau privé virtuel avocat sont en contradiction avec la lettre de l'article 748-2, exigeant un consentement explicite, car ils reviennent à admettre un

---

[1] Art. 748-2 al 1er, tel est le cas devant la cour d'appel quand la représentation est obligatoire cf art. 930-1 CPC.

[2] Cf. supra n° 50.

[3] C. Bléry, in Droit et pratique de la procédure civile, Droits interne et de l'Union Européenne, op. cit., n° 161.241.

[4] Not. en ce sens : CA Rouen, 18 fév. 2013, RG n° 12/03160 ; CA Paris, 21 mars 2013, RG n° 12/23442 ; et s'appuyant sur une convention locale : CA Reims, 27 nov. 2012, RG n° 12/0121 ; CA Orléans, 7 janv. 2013, RG n° 12/03319 ; CA Riom, 29 oct. 2012, RG n° 12/01823 .

[5] CA Bordeaux, 5 mars 2012, RG n° 11/04968, Juris-Data n° 2012-003388.

[6] C. Bléry, Pas d'acceptation tacite de la communication électronique pour l'avocat toulousain adhérent au RPVA !, JCP G n° 4, 21 janv. 2013, 69.

[7] CA Toulouse, 4 déc. 2012, RG n° 12/04955, Juris-Data n° 2012-031247.

[8] C. Bléry, Pas d'acceptation tacite de la communication électronique pour l'avocat toulousain adhérent au RPVA !, préc.

« consentement exprès tacite »[1]. Tel était par ailleurs la position de l'avocat général de la Cour de cassation dans ses conclusions, lors de la demande d'avis formulée à la Cour sur ce point[2]. Sans détours, et ce, malgré les conclusions de l'avocat général[3], la Cour affirme que « l'adhésion d'un avocat au "réseau privé virtuel avocat" emporte nécessairement consentement de sa part à recevoir la notification d'actes de procédure par la voie électronique »[4]. Ainsi, cet avis a tari les divergences jurisprudentielles[5]. Néanmoins, il est possible d'affirmer que la Cour de cassation a fait prévaloir les efforts mis en place pour assurer l'effectivité de la dématérialisation contre les avocats qui argueraient avoir consenti à l'utilisation de la voie électronique pour certains actes, et non pour d'autres. Cet avis a eu le mérite d'uniformiser le principe, mais il concerne seulement les avocats. Ces derniers sont désormais réputés consentir de manière générale à l'usage de la voie électronique[6]. Aussi, il permet de pallier le défaut de prévision d'un dispositif de recueil des consentements[7]. La même solution avait par ailleurs été affirmée dans un avenant à la convention nationale du 16 juin 2010 passée entre le Garde des Sceaux et le Conseil National des Barreaux[8], à laquelle est conférée valeur règlementaire[9], malgré l'avis de multiples auteurs[10]. Finalement, la position de la Cour de cassation a emporté l'adhésion de la chancellerie, qui est intervenue le 11 mars 2015 pour faire une place à l'avis du 9 septembre 2013 dans le code de procédure civile[11]. Un alinéa 2 fût ajouté à l'article 748-2, précisant que l'adhésion à un réseau de communication électronique tel que défini par un arrêté pris en application de l'article 748-6 vaut consentement à l'utilisation de cette voie. Inopportunément, le terme « expressément » de l'alinéa premier

---

[1] C. Bléry, La Cour de cassation valide le consentement exprès tacite !, préc.
[2] Concl. avocat général P. Mucchielli en vue de l'avis rendu le 9 sept. 2013 (demande n° 13-70005) : https://www.courdecassation.fr/IMG///Conclusions%20de%20Monsieur%20Mucchielli_avgnl.pdf, p. 11.
[3] Ibid. p. 5.
[4] Cass., avis, 9 sept. 2013, n° 15012, demande n° 13-70005.
[5] S. Amrani-Mekki in Droit judiciaire privé, JCP G n° 47, 18 nov. 2013, doctr. 1225.
[6] E. de Leiris, Communication électronique, préc.
[7] Ibid.
[8] Avenant 21 juin 2013 à la Convention nationale du 16 juin 2010 passée entre le Conseil National des Barreaux et le garde des Sceaux.
[9] Art. 21-1, L. du 31 déc. 1971, JORF du 5 janv. 1972, p. 131.
[10] Cf. supra n° 54 et 55, et not. Concl. Avocat général P. Mucchielli en vue de l'avis rendu le 9 sept. 2013 (demande n° 13-70.005), préc., p. 12.
[11] Décr. n° 2015-282 du 11 mars 2015, JORF n° 0062 du 14 mars 2015, p. 4851.

a été conservé[1]. Cela démontre qu'est entérinée la notion paradoxale de « consentement exprès tacite »[2]. Néanmoins, cette consécration ne peut être qu'approuvée. En effet, une certaine méfiance vis-à-vis de la dématérialisation des communications pouvait se justifier en 2005, lors de l'introduction des nouvelles technologies en procédure civile. Mais désormais, leur usage s'est largement démocratisé. Cela se confirme tant par le nombre croissant de juridictions devant lesquelles la communication par voie électronique est applicable, que par l'augmentation du nombre de praticiens l'utilisant[3]. De ce fait, la communication par voie électronique se trouve confortée, mais seulement dans la limite des « gens de justice »[4]. Cela permet de relativiser l'atteinte à la sécurité juridique qui serait constituée par un allègement trop conséquent des exigences quant au consentement d'une partie. Et cela d'autant plus que cette nécessité est maintenue pour l'emprunt de cette voie avec des justiciables autres que les auxiliaires de justice.

74. Persistance du consentement exprès – L'exigence d'un consentement exprès posée par l'article 748-2 du code de procédure civile a été nuancée lors de sa modification par le décret du 11 mars 2015[5]. Néanmoins, ce changement a un domaine circonscrit aux auxiliaires de justice qui utiliseraient la communication par voie électronique[6]. Ainsi, cet assouplissement ne peut être transposé à d'autres personnes que les auxiliaires de justice eux-mêmes. De ce fait, les justiciables, s'ils souhaitent être contactés par ce biais par une juridiction doivent donner leur accord expressément, en application de l'article 748-2 alinéa 1er du code de procédure civile. Si le développement de la communication par voie électronique se fait principalement par l'intermédiaire des auxiliaires de justice, particulièrement par le biais des

---

[1] C. Bléry, Une nouvelle ère pour la procédure civile, à propos du décret n° 2015-282 du 11 mars 2015, Gaz. Pal., 28 mars 2015, n° 87, p. 6.
[2] Ibid.
[3] Chiffres en 2013 relevés par T. Vasseur in Rapport Vasseur en vue de l'avis du 9 sept. 2013 (demande n° 13-70.005) : https://www.courdecassation.fr/IMG///rap_vasseur_1370005.pdf : sur les 56 176 avocats que compte la profession, 36 384 avocats, soit 71 %, ont souscrit le contrat d'accès au RPVA, ce nombre ayant surement augmenté depuis, il n'est pas possible de savoir dans quelle mesure, les chiffres sur l'adhésion au RPVA n'étant pas disponibles.
[4] H. Croze, Choc de simplification procédurale ? A propos du décret n° 2015-282 du 11 mars 2015, préc.
[5] Cf supra n° 73, et décr. n° 2015-282 du 11 mars 2015, JORF n° 0062 du 14 mars 2015, p. 4851.
[6] Cf supra n° 73.

avocats[1], il existe des hypothèses d'utilisation de cette voie dans le code de procédure civile impliquant des justiciables. Il y a d'abord la signification par voie électronique, dont il a été vu que le consentement du destinataire était préalablement nécessaire à son emploi[2]. Ensuite, le décret du 11 mars 2015[3] a ajouté deux nouveaux articles au titre XXI du code, les articles 748-8 et 748-9. L'article 748-8 du code de procédure civile précise le régime juridique que doivent suivre les courriers électroniques et les messages écrits transmis à l'adresse électronique ou au numéro de téléphone qu'un justiciable aurait déclaré à la juridiction, lorsqu'il est possible que le greffe s'adresse à lui par ce moyen. L'alinéa 2 de ce même article précise immédiatement qu'un consentement de la partie est nécessaire. Ce consentement est essentiel, et à défaut l'usage de tels procédés par le greffe pour communiquer avec le justiciable ne sera pas admis. Par ailleurs, il faut remarquer que l'accord donné par le justiciable peut toujours être révoqué, ce qui est plutôt rassurant. Ainsi, l'exigence de consentement exprès de l'article 748-2 a été réitérée dans le cas où la communication par voie électronique toucherait un justiciable. Son acceptation est nécessaire, ce qui semble logique dans la mesure où l'on ne peut considérer que tous les citoyens sont dotés d'un matériel informatique ou d'un téléphone portable. A tout le moins, il ne peut être fait obligation d'user de ces moyens[4]. Aussi, l'article 748-8 du code de procédure civile prévoit que le consentement doit figurer dans la déclaration préalable remise au greffe, ce qui permet de s'assurer de sa réalité et de son contenu. Un consentement exprès similaire est exigé par les articles 692-1 et 748-9 dudit code. Ces articles prévoient quelles personnes morales peuvent être convoquées par le greffe par tous moyens, et notamment par courrier électronique envoyé à une adresse électronique ou par message écrit envoyé à un numéro de téléphone. Pareillement, le consentement doit être préalable à l'envoi dématérialisé, et peut être révoqué à tout moment.

Néanmoins, la position dégagée par l'avis du 9 septembre 2013, et le décret du 11 mars 2015 ressurgit dans l'arrêté du 9 février 2016[5] créant la

---

[1] E. de Leiris, Communication électronique, préc.

[2] Cf supra n° 20 et 21.

[3] Décr. n° 2015-282 du 11 mars 2015, JORF n° 0062 du 14 mars 2015, p. 4851.

[4] H. Croze, L'adhésion au RPVA vaut consentement à l'utilisation de la communication électronique, JCP G n° 14, 2 avr. 2012, 406.

[5] Art. 8, arr. du 9 fév. 2016, JORF n° 0046 du 24 fév. 2016, cf. infra n° 83 : ce dispositif complète celui mis en place par l'arr. du 21 juin 2013 et s'applique aux interlocuteurs du T. Com. à l'exclusion des avocats. Tout justiciable du tribunal peut l'utiliser.

plateforme de communication par voie électronique Securigreffe au sein des tribunaux de commerce[1]. En effet, l'article 8 de cet arrêté précise que « la première identification au système Securigreffe par les parties à la communication électronique emporte consentement de leur part à l'utilisation de la voie électronique. » De ce fait, la première identification à un tel système entraînerait l'accord de partenaires procéduraux non auxiliaires de justice à communiquer par cette voie. Il est possible de relativiser cette atteinte au caractère exprès du consentement par sa circonscription aux procédures suivies devant le tribunal de commerce. En effet, un moyen d'authentification doit être fourni à la partie, et l'utilisation de ce mode de communication n'étant que facultative, il est possible d'affirmer que c'est à l'intéressé de formuler le vœu d'utiliser Securigreffe[2]. Les justiciables des tribunaux de commerce étant alertés de ce que l'utilisation de cette plateforme entraîne leur consentement à communiquer de manière dématérialisée par le biais de cet outil, la certitude de leur acceptation sera préservée.

Ainsi, loin d'avoir porté une atteinte injustifiée au nécessaire consentement exprès préalable à l'usage de la voie électronique, le pouvoir règlementaire l'a adapté aux réalités actuelles. Soit ce destinataire est un auxiliaire de justice, et dans ce cas, son adhésion à un réseau de communication électronique régi par un arrêté technique vaut consentement à emprunter cette voie pour de telles notifications[3]. Soit il ne l'est pas, et dans ce cas, l'exigence de consentement exprès vaut toujours, et a même été réaffirmée par les articles 748-8 et 748-9 du code de procédure civile. Même si cette nécessité a été quelque peu ébréchée par l'arrêté du 9 février 2016[4], le système mis en place laisse à penser que les droits procéduraux des parties ont été conservés. Cette distinction ne peut qu'emporter l'adhésion. Un auxiliaire de justice ayant l'habitude d'utiliser de tels réseaux sera plus vigilant qu'un justiciable qui ne consulte pas nécessairement ses courriers électroniques de manière habituelle. De plus, il faut remarquer que si un auxiliaire de justice n'adhère pas à un tel réseau, son consentement ne sera pas présumé, même si la situation devrait se faire relativement rare en pratique.

75. En conséquence, il était particulièrement nécessaire de rendre l'exigence de consentement exprès conforme à la réalité du paysage

[1] Arr. du 9 fév. 2016, JORF n° 0046 du 24 fév. 2016.
[2] Art. 3, arr. du 9 fév. 2016, JORF n° 0046 du 24 fév. 2016.
[3] Cf. supra n° 73.
[4] Arr. du 9 fév. 2016, JORF n° 0046 du 24 fév. 2016.

procédural et l'adaptabilité de cette notion à la différence des situations est opportune. Mais le pouvoir règlementaire n'a pas fait preuve de ce réalisme en matière de sanction de communication par voie électronique non autorisée. Les juges se sont alors saisis de cette problématique pour dégager une sanction différente selon que la transmission est faite avec la juridiction, ou qu'elle est faite entre les parties. Une intervention du réformateur aurait sans doute permis d'unifier cette sanction, ce qui aurait été opportun étant donné que cette distinction n'est pas nécessairement fondée. Ainsi, le dispositif règlementaire mis en place par le titre XXI du code de procédure civile s'est montré imparfait, remettant en question la sécurité juridique qu'il est censé offrir. Néanmoins, une autre critique peut lui être adressée, tenant dans l'apanage apparent des nouvelles technologies au profit des auxiliaires de justice, leur utilisation ayant pu se retourner contre eux, et cette faculté ne leur étant aujourd'hui plus exclusive.

§2 Un apanage apparent des nouvelles technologies

76. *A priori*, les justiciables sont les oubliés de la dématérialisation du procès civil. En effet, le déploiement progressif des nouvelles technologies a surtout impliqué les « gens de justice »[1], et mis de côté les justiciables eux-mêmes. Les choix opérés par le pouvoir règlementaire se sont matérialisés par la mise en place de réseaux privés, empruntés par les professionnels du droit, et de fait fermés aux justiciables. Un monopole de l'usage des nouvelles technologies a donc été créé à leur profit. Mais leur utilisation a pu se retourner contre eux, et une atteinte réelle au périmètre du droit[2] des avocats est à ce jour constatée (A). Néanmoins, ce constat d'un usage monopolistique n'est pas une fatalité, et il est possible de percevoir une ouverture de cet emploi aux justiciables (B).

A. Un monopole remis en question par les nouvelles technologies

77. L'essor des nouvelles technologies n'est pas qu'un phénomène interne au code de procédure civile. En effet, il convient de porter l'analyse de l'impact des nouvelles technologies au-delà de leur

---

[1] H. Croze, Choc de simplification procédurale ? A propos du décret n° 2015-282 du 11 mars 2015, préc.

[2] N. Fricero, Demande en justice et nouvelles technologies : aspects procéduraux, Procédures n° 10, oct. 2014, dossier 5 ; P.-Y. Gautier, L'éventuel exercice électronique du droit par un non-avocat, D. 2014, p. 1032.

utilisation par les professionnels du droit. D'autres acteurs s'en sont emparés, démontrant que le marché de la demande en justice est attractif[1]. Différentes plateformes ont vu le jour. Principalement, elles servent de lien entre le justiciable et les juridictions, et à ce titre elles ont différents objectifs. Elles interviennent quand la représentation par avocat n'est pas obligatoire[2]. Notamment, il peut s'agir de permettre au justiciable de formaliser sa demande au tribunal en ligne[3], de le mettre en relation avec des avocats[4], de regrouper plusieurs actions[5] ou même de financer l'action en justice qu'il souhaite introduire[6]. De fait, ces sites fonctionnant sur un « système d'automatisation et d'informatisation des tâches, visant à permettre un accès facilité au droit[7] » concurrencent l'avocat. Se pose alors la question de savoir si une atteinte au périmètre du droit[8] des avocats est causée par le développement de tels sites internet.

78. Notion de périmètre du droit[9] - Ce périmètre est présenté sous deux aspects. Le conseil juridique se rapportant à l'assistance des parties, et leur représentation dans les actes judiciaires et extrajudiciaires.

---

[1] N. Fricero, Demande en justice et nouvelles technologies : aspects procéduraux, préc. ; S. Smatt et L. Blanc, Les avocats doivent ils craindre l' « ubérisation » du droit ? JCP G n° 40, 28 sept. 2015, 1017.

[2] N. Fricero, Demande en justice et nouvelles technologies : aspects procéduraux, préc.

[3] Ibid. ; H. Slim, La notion de représentation et d'assistance en justice face aux défis de la technologie juridique, JCP G n° 14, 4 avr. 2016, 394 ; C. Bléry et J.-P. Teboul, Saisine dématérialisée du tribunal d'instance ou de la juridiction de proximité ? Cherchez l'erreur. Gaz. Pal., 3 sept. 2013, n° 246, p. 6 ; O. Dufour, Demanderjustice.com, braconnier du droit ou pionnier ?, LPA, 11 fév. 2014 n° 30 p. 4 ; P.-Y. Gautier, L'éventuel exercice électronique du droit par un non-avocat, préc. ; T. Wickers, Les quatre défis des plateformes, Gaz. Pal., 19 avr. 2016, n° 15, p. 3 ; S. Smatt et L. Blanc, Les avocats doivent ils craindre l' « ubérisation » du droit ?, préc. : tel est le cas pour les sites demanderjustice.com, saisirprudhommes.com.

[4] T. Wickers, Les quatre défis des plateformes, préc.

[5] A propos du lancement du site actioncivile.com : O. Dufour, Demanderjustice.com n'est pas un braconnier du droit ! LPA, 20 mars 2014, n° 57, p. 4.

[6] T. Wickers, Les quatre défis des plateformes, préc. citant les sites : alterlitigation.com, actoowin.com, pytum.com.

[7] S. Smatt et L. Blanc, Les avocats doivent ils craindre l' « ubérisation » du droit ?, préc.

[8] N. Fricero, Demande en justice et nouvelles technologies : aspects procéduraux, préc. ; P.-Y. Gautier, L'éventuel exercice électronique du droit par un non-avocat, préc.

[9] Ibid.

La représentation est le pouvoir et le devoir d'accomplir les actes de la procédure au nom du mandant[1]. L'assistance quant à elle, est définie par l'article 412 du code de procédure civile. Elle emporte pouvoir et devoir de conseiller la partie et de présenter sa défense, sans l'obliger. Or, selon l'article 4 de la loi du 31 décembre 1971[2], « nul ne peut, s'il n'est avocat, assister ou représenter les parties, postuler et plaider devant les juridictions et les organismes juridictionnels ou disciplinaires de quelque nature que ce soit, sous réserve des dispositions régissant les avocats au Conseil d'État et à la Cour de cassation. » Un tel monopole est donc réservé aux avocats, sauf dans les hypothèses où la représentation par eux n'est pas obligatoire. Dans ce cas, le code de procédure civile liste les personnes pouvant représenter et assister une partie dans les juridictions d'exception[3]. Ainsi, il faut comprendre que lorsque le mandat ad litem n'est pas conféré à une personne en vertu d'une disposition du code, il ne peut exister. De plus, l'article 54 de la loi du 31 décembre 1971[4] précise que « nul ne peut, directement ou par personne interposée, à titre habituel et rémunéré, donner des consultations juridiques ou rédiger des actes sous seing privé pour autrui », créant un monopole aux auxiliaires de justice cités par ladite loi. Ainsi la question se pose de savoir si ces sites intervenant précisément dans les procédures où la représentation n'est pas obligatoire, empiètent ou non sur ce périmètre du droit[5] des avocats. En effet, des prestations juridiques rémunérées sont alors confiées à d'autres protagonistes que les auxiliaires de justice. Il convient d'étudier la jurisprudence afin de savoir si les services proposés par ces sites constituent une représentation ou une assistance, et le cas échéant, si de tels sites doivent être prohibés car ils porteraient atteinte au monopole des auxiliaires de justice en la matière.

---

[1] Art. 411 CPC.

[2] Art. 4, L. n° 71-1130 du 31 déc. 1971, JORF du 5 janv. 1972 p. 131.

[3] Devant de telles juridictions, les parties se défendent elles-mêmes et ont la faculté de se faire assister ou représenter : Art. 853 CPC pour le T. Com., art. 827 et 828 pour le TI et la J. Proximité, art. R. 121-7 C. Pr. Ex. pour le JEX, art. R. 142-20 du CSS pour le TASS.

[4] Art. 54, L. n° 71-1130 du 31 déc. 1971, JORF du 5 janv. 1972 p. 131

[5] N. Fricero, Demande en justice et nouvelles technologies : aspects procéduraux, préc. ; P.-Y. Gautier, L'éventuel exercice électronique du droit par un non-avocat, préc.

79. Périmètre du droit[1] menacé – Au visa de l'article 54 de la loi du 31 décembre 1971[2] cité ci-dessus, le site divorce-discount.com a pu être condamné par le tribunal de grande instance d'Aix-en-Provence[3] ce qui a été confirmé par la cour d'appel de ladite ville[4]. En effet, la plateforme proposait aux justiciables, moyennant rémunération, la production de documents nécessaires à un divorce par consentement mutuel, en prétendant mensongèrement qu'elle travaillait conjointement avec des avocats, qui par ailleurs ne rencontraient jamais le client, et qu'elle intervenait dans le cadre des procédures de divorce, dans lesquelles la représentation est obligatoire[5]. La plateforme a dû cesser toute activité outrepassant ce qui lui était permis par la loi.

Néanmoins, là où la représentation n'est pas obligatoire, une atteinte au monopole des avocats est plus difficilement perceptible, et a pu même être déniée par les juridictions. La difficulté réside en ce qu'entre la mise à disposition des justiciables d'outils techniques conformes aux exigences légales, et l'assistance habituelle méconnaissant le monopole des avocats, la frontière est mince[6]. L'exemple des tumultes jurisprudentiels relatifs aux sites Internet tels que demanderjustice.com et saisirprudhommes.com est représentatif de ce phénomène. Ils permettent aux justiciables de formaliser leur demande en ligne. D'abord, le justiciable peut mettre en forme une mise en demeure qui sera envoyée au contradicteur. Puis, au stade contentieux, le justiciable peut remplir une déclaration pré-rédigée, qui sera ensuite matérialisée sur support papier. Enfin, elle sera envoyée par lettre recommandée avec accusé de réception au greffe de la juridiction[7].

En matière civile, des divergences ont été retenues entre les juridictions de proximité saisies de la problématique. Différents moyens ont été soulevés par les défendeurs pour contester la validité de ce type de demande formalisée sur de tels sites.

---

[1] Ibid.
[2] Ibid.
[3] TGI Aix-en-Provence, Ord. Référé, 24 déc. 2013, n° 13/1182.
[4] CA Aix-en-Provence, 2 avr. 2015, RG n° 2015/243.
[5] N. Fricero, Demande en justice et nouvelles technologies : aspects procéduraux, préc.
[6] N. Fricero, Demande en justice et nouvelles technologies : aspects procéduraux, préc.
[7] P.-Y. Gautier, L'éventuel exercice électronique du droit par un non-avocat, préc.

D'abord, ces contradicteurs ont soulevé la nullité pour vice de forme de la déclaration, aux motifs que la signature électronique apposée sur celle-ci n'est pas celle qui figure sur les documents d'identité du demandeur[1]. Il faut rappeler que l'article 843 du code de procédure civile précise que lorsque la demande est inférieure ou égale à 4 000 euros, la juridiction peut être saisie par une déclaration du demandeur, et doit comporter certaines mentions, visées à l'article 58 du même code. Or, cet article exige que la déclaration soit signée par le demandeur[2]. La juridiction de proximité de Nogent-sur-Marne a déclaré que « cette absence de signature de l'intéressé constitue un vice de forme à l'égard de la défenderesse »[3]. D'autres juridictions ont adopté la même position[4]. Mais, en sens contraire, la juridiction de proximité de Dreux[5] a estimé que cette signature électronique étant certifiée, elle aurait la même valeur qu'une signature manuscrite, et par conséquent l'acte serait valable. Le problème réside en ce que l'acte ne transite pas entre les mains du demandeur. Il ne peut être considéré qu'il ait personnellement signé cet acte[6]. La signature électronique certifiée est ainsi censée remédier à cela[7]. Mais plusieurs auteurs ont contesté la validité d'une telle signature pour des actes destinés à une juridiction. Un auteur souligne qu'elle ne pourrait satisfaire au procédé fiable d'identification décrit par l'article 1316-4 du code civil et le décret du 30 mars 2001[8], ce dispositif ne

[1] N. Fricero, Demande en justice et nouvelles technologies : aspects procéduraux, préc. ; C. Bléry et J.-P. Teboul, Entre nullité pour vice de forme, nullité pour irrégularité de fond et exercice illégal de la profession d'avocat : l'audacieux mais périlleux équilibre de demanderjustice.com, JCP G n° 20, 19 mai 2014, 578 ; P.-Y. Gautier, L'éventuel exercice électronique du droit par un non-avocat, préc.

[2] Mention prescrite à peine de nullité par l'art. 58 du CPC, relevant du régime des nullités pour vice de forme de l'art. 114 CPC car nullités pour vice de fond de l'art. 117 CPC limitativement énumérées.

[3] J. Proximité Nogent-sur-Marne, 12 nov. 2012, n° 91-12-000092.

[4] Dans le même sens : J. Proximité Rodez, 10 avr. 2014, n° 91-12-000118, Juris-Data n° 2014-008235 reconnaissant le vice de forme.

[5] J. Proximité Dreux, 22 janv. 2014, Mme X/OG ; dans le même sens : J. Proximité Paris, 2ème arrondissement, 30 avr. 2013, n° 91-12198.

[6] C. Bléry et J.-P. Teboul, Entre nullité pour vice de forme, nullité pour irrégularité de fond et exercice illégal de la profession d'avocat : l'audacieux mais périlleux équilibre de demanderjustice.com, préc.

[7] Art. 1316-4 C. Civ : la signature électronique consiste en l'usage d'un procédé fiable d'identification garantissant son lien avec l'acte auquel elle s'attache. La fiabilité du procédé est présumée, jusqu'à preuve contraire, lorsque la signature électronique est créée, l'identité du signataire assurée et l'intégrité de l'acte garantie, dans des conditions fixées par décret en CE, décr. n° 2001-272 du 30 mars 2001, JORF n° 0077 du 31 mars 2001 p. 5070.

[8] Décr. n° 2001-272 du 30 mars 2001, JORF n° 0077 du 31 mars 2001 p. 5070.

fonctionnant que de « machine à machine », ce qui n'est pas le cas ici[1]. Un autre auteur précise que la signature électronique décrite à l'article 1316-4 du code civil ne doit pas être confondue avec la signature d'un acte judiciaire[2]. Pour ce type d'acte, il faut se référer aux textes relatifs à la communication par voie électronique, et notamment au décret du 29 avril 2010[3]. Celui-ci ne prévoit la validité d'une telle signature que pour les auxiliaires de justice assistant ou représentant les parties devant une juridiction auprès de laquelle la communication par voie électronique serait possible[4]. Ainsi, l'acte serait d'office entaché d'un vice de forme. Cependant, la difficulté résidera en la preuve d'un grief du fait de cette signature non valable[5]. Si elle n'est pas rapportée, l'acte ne pourra être déclaré nul.

Ensuite, des contradicteurs ont sollicité la nullité pour vice de fond de l'acte litigieux en ce que l'aide apportée par la plateforme serait constitutive d'un mandat ad litem, la société devant être considérée comme représentant et assistant la partie. Devant les juridictions de droit commun et la Cour de cassation, ce mandat est réservé à des professions spécialisées, comme les avocats[6]. Devant les juridictions d'exception, les personnes pouvant représenter et assister les justiciables sont mentionnées par le code[7]. Le mandat ad litem devant, selon le code de procédure civile, être prouvé[8]. La société n'entrant pas dans ces cas de figure, elle n'a pas le pouvoir de représenter la partie, et l'acte doit alors

---

[1] C. Bléry et J.-P. Teboul, Entre nullité pour vice de forme, nullité pour irrégularité de fond et exercice illégal de la profession d'avocat : l'audacieux mais périlleux équilibre de demanderjustice.com, préc.

[2] P.-Y. Gautier, L'éventuel exercice électronique du droit par un non-avocat, préc.

[3] Décr. n° 2010-434 du 29 avr. 2010, JORF n° 0102 du 2 mai 2010 prorogé par le décr. n° 2014-1633 du 26 déc. 2014, JORF n° 0300 du 28 déc. 2014 p. 22596 : précisant que l'identification réalisée par les auxiliaires de justice selon les modalités prévues par les arrêtés pris en application de l'article 748-6 du CPC lors de la transmission des actes aux juridictions par voie électronique vaut signature.

[4] P.-Y. Gautier, L'éventuel exercice électronique du droit par un non-avocat, préc. ; E. de Leiris, Communication électronique, préc.

[5] En ce sens : J. Proximité, Antibes, 7 mars 2013, n° 91-12-000176 rejetant la nullité pour défaut de preuve d'un grief ; C. Bléry et J.-P. Teboul, Entre nullité pour vice de forme, nullité pour irrégularité de fond et exercice illégal de la profession d'avocat : l'audacieux mais périlleux équilibre de demanderjustice.com, préc.

[6] Art. 4, L. n° 71-1130 du 31 déc. 1971, JORF du 5 janv. 1972 p. 131.

[7] Art. 853 CPC pour le TCom, art. 827 et 828 pour le TI et le J. Prox., art. R. 121-7 C. pr. Exéc. pour le JEX, art R. 142-20 du CSS pour le TASS.

[8] Art. 416 CPC.

être annulé. Le juge de proximité de Rodez s'est prononcé en ce sens[1] et la déclaration au greffe du demandeur a été annulée pour vice de fond. Néanmoins, cette annulation varie selon la conception qu'adoptent les juges à propos de l'assistance apportée par le site. En sens contraire, il a pu être estimé que la société n'était qu'un tiers à l'instance, et ne représentait pas la partie[2]. Ce jugement a par ailleurs fait l'objet d'un pourvoi en cassation, dans lequel le demandeur au pourvoi soutenait que l'acte était nul, mais se plaçait sous l'égide des articles 843, 112 et 114 du code de procédure civile. La Cour a donc cassé pour manque de moyen au pourvoi, et l'occasion de se prononcer sur la qualification de l'intervention du site a été manquée[3].

Enfin, un autre moyen a pu être soulevé pour contester la validité de telles déclarations formalisées de manière dématérialisée. Des défendeurs ont soutenu que le demandeur aurait donné mandat de représentation au tiers, aux termes des articles 1984 et suivants du code de procédure civile. Dans ce cas, le tiers agit au nom du titulaire de l'action, et aux lieu et place de celui-ci, ce qui distingue ce mandat du mandat ad litem[4]. Si un mandat existe réellement, et que la société peut représenter le justiciable, alors ce mandat doit figurer dans la déclaration en justice[5]. Or la juridiction de proximité d'Antibes a rejeté l'exception de nullité pour vice de fond de la déclaration, estimant que ladite société n'avait pas la capacité de représenter en justice le demandeur et a précisé que la preuve de l'existence d'un tel mandat n'avait pas été rapportée[6].

Mais la question de l'empiètement de ces plateformes sur le périmètre du droit[7] a surtout été abordée par les juridictions pénales, qui connaissent actuellement de l'affaire mettant en cause le dirigeant de la société SAS Demander justice qui détient à ce jour plusieurs sites Internet. Celui-ci a été poursuivi pour exercice illégal de la profession

---

[1] J. Proximité Rodez, 10 avr. 2014, n° 91-12-000118, Juris-Data n° 2014-008235.

[2] J. Proximité Antibes, 7 mars 2013, n° 91-12-000176 : la plateforme ne faisant que mettre à la disposition du justiciables des outils permettant de l'aider à formaliser sa demande au greffe.

[3] Civ. 2ème, 20 mars 2014, n° 13-15755, Juris-Data n° 2014-008240.

[4] G. Maugain, Actes de procédure, Rép. Pr. Civ., préc.

[5] Selon l'adage « Nul ne plaide par procureur » in N. Fricero, Demande en justice et nouvelles technologies : aspects procéduraux, préc.

[6] J. Proximité Antibes, 7 mars 2013, n° 91-12-000176.

[7] N. Fricero, Demande en justice et nouvelles technologies : aspects procéduraux, préc. ; P.-Y. Gautier, L'éventuel exercice électronique du droit par un non-avocat, préc.

d'avocat, en violation de l'article 4 de la loi du 31 décembre 1971[1], et l'article 72 de ladite loi prévoyant les sanctions applicables[2]. La difficulté était donc de qualifier l'aide apportée aux justiciables par ces plateformes pour savoir si une atteinte au monopole des avocats était caractérisée. Le tribunal correctionnel de Paris a relaxé le dirigeant, en considérant qu'il n'y avait pas exercice illégal de la profession d'avocat[3]. Les juges ont conclu au défaut de mandat de représentation ou de mission d'assistance par la société au travers de ses sites Internet[4]. Selon les magistrats, le périmètre du droit[5] de la profession d'avocat n'est donc pas touché. Cette décision a par ailleurs été confirmée par la cour d'appel de Paris dans un arrêt du 21 mars 2016[6], qui a à son tour jugé que l'activité de la société ne relève pas du champ de l'article 4 de la loi du 31 décembre 1971[7].

Ainsi, la limite entre ce qui enfreint le périmètre du droit[8], et ce qui est permis à de telles plateformes paraît fine. Il sera aisé pour ces dernières de basculer vers une activité qui leur serait prohibée. De ce fait, il ne semble pas possible de généraliser cette jurisprudence à tous les sites qui concurrencent actuellement les avocats. Il est possible de présager que face à la prolifération de ce type de plateformes, d'autres actions en justice seront intentées. En réponse à ce phénomène d' « ubérisation[9] » du droit, il sera bon d'observer ce que la profession prévoit de mettre en place afin de concurrencer ces plateformes[1].

---

[1] Art. 4, L. n° 71-1130 du 31 déc. 1971, JORF du 5 janv. 1972 p. 131.

[2] Art. 72, L. n° 71-1130 du 31 déc. 1971, JORF du 5 janv. 1972 p. 131 renvoyant à l'art. 433-17 du CP.

[3] TGI Paris, 30e ch. corr., 13 mars 2014, n° 13248000496 et n° 13248000544 in C. Bléry et J.-P. Teboul, Entre nullité pour vice de forme, nullité pour irrégularité de fond et exercice illégal de la profession d'avocat : l'audacieux mais périlleux équilibre de demanderjustice.com, préc.

[4] N. Fricero, Demande en justice et nouvelles technologies : aspects procéduraux, préc. à propos de TGI Paris, 30e ch. corr., 13 mars 2014, n° 13248000496 et n° 13248000544.

[5] N. Fricero, Demande en justice et nouvelles technologies : aspects procéduraux, préc. ; P.-Y. Gautier, L'éventuel exercice électronique du droit par un non-avocat, préc.

[6] CA Paris, pôle 5-12, 21 mars 2016, RG n° 14/04307.

[7] Ibid. relatif à l'art. 4, L. n° 71-1130 du 31 déc. 1971, JORF du 5 janv. 1972, p. 131.

[8] N. Fricero, Demande en justice et nouvelles technologies : aspects procéduraux, préc. ; P.-Y. Gautier, L'éventuel exercice électronique du droit par un non-avocat, préc.

[9] Défini comme l' « avènement sur un marché donné, d'acteurs Internet proposant des services à la demande et soumis à des règles plus souples » in S. Smatt et

80. Ainsi, les nouvelles technologies de l'information et de la communication peuvent desservir les auxiliaires de justice qui étaient, selon le règlement, privilégiés pour les manier au sein du procès civil. Par ailleurs, il est possible de critiquer le jeu désormais faussé du déploiement de la communication par voie électronique du fait de l'intervention de ces nouveaux protagonistes, qui sont exemptés de respecter les règles du titre XXI du code de procédure civile[2]. Néanmoins, d'autres acteurs du procès ont désormais l'opportunité d'utiliser les nouvelles technologies, notamment pour communiquer les actes de procédure. Il convient désormais d'évoquer l'utilisation des nouvelles technologies qui s'ouvre aux justiciables.

B. Une utilisation apparemment monopolistique des nouvelles technologies

81. Malgré le manque de précision du titre XXI du code de procédure civile, tous les acteurs du procès ne sont pas éligibles à la communication par voie électronique. Les choix opérés par le réformateur ont privilégié la sécurité technique à l'ouverture de l'utilisation des nouvelles technologies à tous[3]. De ce fait, la généralisation de leur usage se fait progressivement. Cela a pu être critiqué, au regard du droit d'accès à un tribunal[4]. Mais il convient de nuancer ces propos et d'observer que près de onze années après son introduction au sein du code de procédure civile, la communication par voie électronique peut désormais être empruntée par des justiciables, même si elle est plutôt limitée.

82. Usage monopolistique justifié – L'article 748-6 du code de procédure civile pose de lourdes conditions avant qu'il ne soit possible d'employer la voie électronique pour communiquer devant une juridiction. Elles ont justifié la mise en place de réseaux privés, sortes de canaux entre les juridictions, et les autres professionnels du droit,

---

L. Blanc, Les avocats doivent ils craindre l' « ubérisation » du droit ?, préc. citant P. Aïdan, S. Le Viet et T. Rambaud, Vers une ubérisation du droit : lemonde.fr, 19 juin 2015.

[1] Notamment création de l'Incubateur du barreau de Paris le 1er janv. 2014 : http://incubateur-barreaudeparis.com

[2] C. Bléry et J.-P. Teboul, Saisine dématérialisée du tribunal d'instance ou de la juridiction de proximité ? Cherchez l'erreur.

[3] E. de Leiris, Communication électronique, préc.

[4] S. Grayot, Le droit à un procès équitable à l'aune des nouvelles technologies, préc.

permettant de se notifier les actes de procédure[1]. Outre le réseau privé virtuel justice propre aux juridictions, ces divers réseaux privés ont été développés par les professions elles-mêmes. Notamment il existe le réseau privé virtuel avocat développé par le Conseil National des Barreaux, le réseau privé sécurisé virtuel des huissiers de justice développé par la Chambre nationale des huissiers de justice, ou même les réseaux utilisés par les tribunaux de commerce[2]. Ces réseaux sont interconnectés, et les actes de procédure dématérialisés transitent entre eux. Du fait de l'interconnexion de ces réseaux privés virtuels, comme l'a souligné un auteur, « exit les justiciables »[3], qui ne peuvent prétendre à les emprunter, en tout cas pas directement. Si une certaine ouverture peut être constatée à leur profit[4], leurs possibilités de communiquer de manière dématérialisée sont loin d'atteindre celles de certains auxiliaires de justice, tels les avocats. Ainsi, il a pu être soutenu que la communication par voie électronique incite à la représentation obligatoire, les nouvelles technologies en étant le prétexte[5]. De ce fait, la communication par voie électronique et son utilisation plutôt monopolistique a pu être critiquée car elle porterait atteinte au droit d'accès aux tribunaux[6]. Pourrait-il alors être envisagé de garantir aux justiciables une utilisation équivalente à celle qui en est faite par les professionnels du droit ? C'est le souhait manifesté par quelques auteurs, qui ont pu souligner que les bienfaits des nouvelles technologies ne pouvaient être réservés aux procédures avec représentation obligatoire, ou à l'hypothèse de l'intervention d'un avocat dans la procédure[7]. Cette critique existe en jurisprudence. En matière sociale, avant la réforme opérée par le décret du 20 mai 2016[8], l'appel relevait du principe de l'oralité, et la représentation n'était pas obligatoire. Le litige pouvait opposer un justiciable non représenté et un justiciable représenté par un avocat. Or, l'arrêté du 5 mai 2010[9] a autorisé les avocats à communiquer par voie électronique pour la remise de certains actes de procédure.

---

[1] C. Bléry, in Droit et pratique de la procédure civile, Droits interne et de l'Union Européenne, op. cit., spéc. n° 161.222, p. 486.
[2] Mis en place par l'arr. du 21 juin 2013, JORF n° 0146 du 26 juin 2013, p. 10526 et l'arr. du 9 fév. 2016, JORF n° 0046 du 24 fév. 2016.
[3] S. Grayot, Le droit à un procès équitable à l'aune des nouvelles technologies, préc.
[4] Cf. infra n° 83.
[5] H. Croze, Les actes de procédure et les nouvelles technologies, préc.
[6] S. Grayot, Le droit à un procès équitable à l'aune des nouvelles technologies, préc.
[7] L. Cadiet, Le procès civil à l'épreuve des nouvelles technologies. – Rapport de synthèse, préc.
[8] Décr. n° 2016-660 du 20 mai 2016, JORF n° 0120 du 25 mai 2016, texte n° 30
[9] Arr. du 5 mai 2010, JORF n° 0111 du 15 mai 2010, p. 9041.

Toutefois, il n'existait aucune obligation de communiquer par ce biais. Dans un arrêt du 18 janvier 2017[1], la chambre sociale de la Cour de cassation a précisé que l'avocat d'un salarié peut valablement former sa déclaration d'appel de manière dématérialisée sans que cela déroge au principe d'égalité de traitement contenu dans l'article 16 de la Déclaration des droits de l'homme et du citoyen du 26 août 1789. L'intimé invoquait la rupture d'égalité provoquée par la faculté réservée aux avocats de recourir aux nouvelles technologies pour faire appel. Les juges ont décidé qu'il n'y avait pas de dérogation au principe d'égalité en ce que ces dispositions n'ouvrent qu'une possibilité. La partie qui n'est pas représentée peut former un tel recours selon une autre voie, aux termes des articles 58 et 933 du code de procédure civile[2]. Cette solution découle de la représentation non obligatoire au sein des juridictions d'exception. Par ailleurs, poser l'obligation d'être représenté serait contraire au droit au juge.

Cependant, il faut relativiser ces critiques, et observer que ce cantonnement à certains acteurs de la procédure n'est pas nécessairement infondé.

Dans un premier temps, même si l'usage d'Internet s'est démocratisé, tous les justiciables n'y ont pas nécessairement un accès effectif[3]. Il n'est pas possible de concevoir une obligation de recourir à cette voie pour communiquer avec la juridiction ou avec les autres acteurs de la procédure. De plus, la Cour européenne des droits de l'homme condamne fortement les obstacles qui se dresseraient entre le justiciable et l'accès à un tribunal[4]. La Cour de justice de l'Union Européenne a également estimé que l'effectivité du droit d'accès à un tribunal n'est pas garantie si la voie électronique constitue l'unique moyen d'accès à une procédure par les justiciables[5]. Dans un second temps, l'atteinte au droit au juge porté par l'utilisation monopolistique des nouvelles technologies pourrait

---

[1] Soc. 18 janv. 2017, n° 14-29.013.

[2] In chron. par le Département de recherche sur la justice et le procès, coordonnée par E. Jeuland avec S. Amrani-Mekki, R. Libchaber et L. Mayer, JCP G n° 21, 22 mai 2017, doctr. 585.

[3] S. Grayot, Le droit à un procès équitable à l'aune des nouvelles technologies, préc. ; E. de Leiris, Communication électronique, préc.

[4] Not. CEDH, 4 déc. 1995, req. n° 23805/94, Bellet c. France : D. 1997, somm. comm., 205, obs. N. Fricero.

[5] CJUE, 18 mars 2010, Rosalba Alassini c. Telecom Italia SpA e. a., affaires jointes C-317/08, C-318/08, C-319/08 et C-320/08.

être justifiée par un besoin de communications sécurisées[1]. En effet, il a été vu que tous les critères posés pour emprunter cette voie l'ont été dans un but de sécuriser techniquement au maximum ce mode d'échange. Ces contraintes importantes en réservent l'usage aux professionnels du droit et de la justice[2]. Notamment, le dispositif mis en place doit garantir la fiabilité de l'identification des parties[3]. Pour l'avocat, l'identification à e-barreau et au réseau privé virtuel avocat permet de certifier cette fiabilité[4], mais il faudrait créer un dispositif qui permette d'assurer une sécurité identique pour les justiciables. Tant qu'un système ne présente pas ces garanties, une réticence perceptible existe à l'ouverture aux justiciables de la voie électronique, même s'il est indéniable qu'ils pourraient en tirer profit.

De plus, il a été souligné le risque que pourrait entraîner l'admission des justiciables à utiliser la voie électronique, car ceux-ci ne mesurent pas nécessairement la portée et le sens des actes qu'ils pourraient accomplir[5].

Mais il n'y a pas que les justiciables qui sont mis à l'écart des bienfaits des nouvelles technologies dans le procès. Le décret du 20 mai 2016[6] étendant la représentation obligatoire à la procédure d'appel en matière prud'homale impose aux justiciables d'être représentés soit par un avocat, soit par un défenseur syndical. L'application des règles de l'appel impose à l'avocat représentant une partie l'utilisation de la communication par voie électronique dans ses relations avec la juridiction[7]. Toutefois, le défenseur syndical ne peut accéder au réseau privé virtuel avocat, un tel élargissement de ce dernier à d'autres professions étant très difficile à effectuer en pratique. Le décret a donc inséré un article 930-2 dans le code de procédure civile énoncant que la

---

[1] S. Grayot, Le droit à un procès équitable à l'aune des nouvelles technologies, préc. ; E. de Leiris, Communication électronique, préc.

[2] S. Grayot, Le droit à un procès équitable à l'aune des nouvelles technologies, préc. ; H. Croze, Les actes de procédure et les nouvelles technologies, préc. ; E. de Leiris, Communication électronique, préc. ; C. Bléry et J-P. Teboul, Communication par voie électronique et procédure orale : rencontre du troisième type, préc.

[3] Art. 748-6 CPC.

[4] Décr. n° 2010-434 du 29 avr. 2010 JORF n° 0102 du 2 mai 2010 prorogé par le décr. n° 2014-1633 du 26 déc. 2014, JORF n° 0300 du 28 déc. 2014 p. 22596 : précisant que l'identification réalisée par les auxiliaires de justice selon les modalités prévues par les arr. pris en application de l'art. 748-6 du CPC lors de la transmission des actes aux juridictions par voie électronique vaut signature.

[5] S. Grayot, Le droit à un procès équitable à l'aune des nouvelles technologies, préc.

[6] Décr. n° 2016-660 du 20 mai 2016, JORF n° 0120 du 25 mai 2016, texte n° 30.

[7] Art. 930-1 CPC.

communication par voie électronique obligatoire n'est pas applicable au défenseur syndical. Ne pouvant bénéficier d'un système sécurité de remise des actes de procédure, il remettra alors les actes de procédure de manière traditionnelle, sur support papier. C'est une solution pragmatique prenant en compte les disparités dans l'usage des nouvelles technologies.

Ainsi, tous les acteurs du procès ne peuvent prétendre à une communication par voie électronique similaire à celle utilisée par les professionnels du droit, même s'il faut noter un élargissement de celle-ci à leur profit.

83. Elargissement notable – En effet, il est observé ces dernières années un certain développement du champ d'application de la communication par voie électronique, et ce, au bénéfice des justiciables. En effet, le décret du 11 mars 2015[1] a étendu le domaine des transmissions par voie électronique. Pour cela, lorsqu'un avis pouvait être envoyé par le greffe par lettre simple, désormais, l'avis pourra être communiqué « par tous moyens »[2]. Pareillement, l'article 692-1 au code de procédure civile, ajouté par ce même décret, précise que les convocations destinées à certaines personnes morales[3] peuvent leur être adressées par le greffe par tous moyens auxquels elles auraient préalablement consenti. Parmi ces moyens, deux sont règlementés par le code aux articles 748-8 et 748-9 et font partie des nouvelles technologies de l'information et de la communication. Ce sont les courriers électroniques émis vers une adresse électronique et les messages écrits envoyés à un numéro de téléphone. L'article 748-8 concerne l'envoi desdits avis aux justiciables, et l'article 748-9 l'envoi des convocations aux personnes morales concernées. De ce fait, deux articles ont été ajoutés au titre XXI du code. Ils dérogent au régime initial de la communication par voie électronique, en ce qu'ils ne sont pas soumis aux exigences de l'article 748-6 qui pose des critères assez restrictifs à la mise en œuvre d'un tel moyen de communication[4].

---

[1] Décr. n° 2015-282 du 11 mars 2015, JORF n°0062 du 14 mars 2015 p. 4851.

[2] Art. 2 à 15 décr. n° 2015-282 du 11 mars 2015, JORF n° 0062 du 14 mars 2015 p. 4851 citant les art. du CPC ainsi modifiés.

[3] Art. 692-1 CPC listant les personnes morales concernées : les personnes morales de droit privé, les administrations de l'Etat, les collectivités territoriales, les établissements publics à caractère administratif, les organismes de sécurité sociale et les autres organismes chargés de la gestion d'un service public administratif.

[4] C. Bléry, Une nouvelle ère pour la procédure civile, à propos du décret n° 2015-282 du 11 mars 2015, préc.

Néanmoins, l'emprunt de la voie électronique ne pouvant être obligatoire[1], il a été prévu que le consentement de la partie concernée doit être recueilli préalablement[2]. Ainsi, toute personne dès lors qu'elle a donné son consentement, peut recevoir des avis émanant du greffe par courriers électroniques, ou messages écrits transmis au numéro de téléphone. L'article 748-8 laisse à penser que ce consentement ne vaudrait que pour l'instance en cours. De plus, toute personne morale ayant manifesté son accord peut recevoir des convocations par tous moyens, mais dans l'article 748-9, et il ne semble pas que cette acceptation doive être réitérée pour chaque instance.

De même, un arrêté en application de l'article 748-6 du code de procédure civile a été récemment adopté par le garde des Sceaux, le 9 février 2016, et s'applique aux tribunaux de commerce[3]. Cet arrêté a créé un nouveau système de communication par voie électronique, dénommé Securigreffe, entre les greffes de ces tribunaux, et l'ensemble de ses potentiels partenaires procéduraux qui sont justiciables de ces juridictions. Dans ce cas, les échanges ont lieu avec tous ceux qui seraient amenés à être concernés par l'activité des tribunaux de commerce, leurs justiciables, à l'exclusion des avocats[4]. En effet, peu importe que les justiciables soient représentés ou non, car le réseau ainsi créé se distingue et complète celui mis en place en 2013, impliquant les avocats[5]. L'article 3 alinéa 2 de l'arrêté vise « les autres parties » que le greffe, ce qui peut inclure toute personne amenée à interagir avec les tribunaux de commerce. Les actes de procédure de l'article 748-1 du code de procédure civile peuvent donc être envoyés par voie électronique entre les justiciables et le tribunal de commerce. Un auteur va même jusqu'à dire que ce système pourrait permettre aux parties de communiquer entre elles[6].

Il existe désormais une dualité de régime au sein du titre XXI du code de procédure civile[7]. Le premier, soumis aux articles 748-1 à 748-6 strictement encadré, et le second, dérogeant à ces dispositions, précisant

---

[1] Cf. supra n° 60 : cela constituerait une atteinte au droit d'accès à un tribunal.
[2] Art. 692-1 et 748-9, art. 748-8 CPC.
[3] Arr. 9 fév. 2016, JORF n° 0046 du 24 fév. 2016.
[4] C. Bléry, Securigreffe : l'identité numérique judiciaire opposable est née, JCP G n° 9-10, 29 fév. 2016, 256 ; L. Mayer in Droit judiciaire privé, JCP G n° 14, 4 avr. 2016, doctr. 414.
[5] Art. 1, Arr. 9 fév. 2016, JORF n° 0046 du 24 fév. 2016.
[6] C. Bléry, Securigreffe : l'identité numérique judiciaire opposable est née, préc.
[7] C. Bléry, Securigreffe : l'identité numérique judiciaire opposable est née, préc.

la possibilité d'envoyer des avis et convocations par voie dématérialisée aux justiciables. Néanmoins, il faut remarquer que cette notification ne se fait qu'à sens unique, de la juridiction vers la partie concernée, ce qui est assez limité par rapport à ce qui est prévu pour les auxiliaires de justice. Mais il faut convenir qu'un pas est franchi vers une communication par voie électronique détachée des restrictions de l'article 748-6, l'arrêté du 9 février 2016[1] étant un bon présage pour l'élargissement d'une communication interactive au profit des justiciables[2].

Au-delà du cadre règlementaire, des projets ont vu le jour et manifestent encore une association toujours plus grande des justiciables à la dématérialisation. Notamment, il faut citer une initiative des huissiers de justice qui a abouti à la création d'une plateforme en matière de modes amiables de résolution des conflits, se nommant Médicys[3]. Là, le citoyen a le choix entre plusieurs modalités, adaptées au type de litige rencontré[4]. Au delà du procès civil en lui-même, des modes alternatifs de résolution des conflits peuvent être dématérialisés.

Ainsi, il est observé que l'utilisation des nouvelles technologies par les justiciables, sans passer par leurs auxiliaires de justice, n'est plus une aberration en procédure civile. Pas à pas, est perceptible une transition d'une communication par voie électronique très encadrée et sécurisée qui était celle voulue par le pouvoir règlementaire en 2005, vers une communication par voie électronique délivrée des contraintes érigées par le titre XXI du code de procédure civile. Cependant, cela ne signifie pas que toute sécurité juridique est abandonnée. L'exigence de consentement et l'emprunt optionnel de cette voie permettant de garantir une telle sécurité[5]. De plus, des projets émanant d'autres acteurs que le pouvoir règlementaire ont vu le jour, et les justiciables n'ont pas nécessairement été mis de côté lors de leur mise en œuvre.

84. Par conséquent, si mille vertus ont pu être prêtées à l'introduction des nouvelles technologies en procédure civile, il était nécessaire de relativiser en démontrant que des risques existent et sont inhérents à celles-ci, et aux réformes règlementant leur utilisation. En effet, le

---

[1] Arr. 9 fév. 2016, JORF n° 0046 du 24 fév. 2016.

[2] C. Bléry, Securigreffe : l'identité numérique judiciaire opposable est née, préc.

[3] « Les huissiers de justice ont fait la preuve de leur capacité d'innovation et de leur adaptation à la nouvelle ère digitale ». - 3 questions à Patrick Sannino, président de la Chambre nationale des huissiers de justice, JCP G n° 50, 7 déc. 2015, 1375.

[4] Cf. www.medicys.fr.

[5] Cf. supra n° 73 et 74.

choix de leur mise en œuvre progressive a pu donner lieu à un morcellement des textes et à un clivage des pratiques préjudiciables au droit d'accès aux tribunaux dont doivent jouir les parties. Accès encore remis en question par une circonscription certaine du double degré de juridiction, résultant des limites dressées par le législateur en procédure d'appel quand la représentation est obligatoire. Certaines garanties dont doit bénéficier tout justiciable sont aussi mises à mal par le droit des nouvelles technologies, notamment celles liées aux audiences en elles-mêmes, comme le principe de publicité, ou une nécessaire humanisation des procès. De ce fait, des adaptations du régime de la communication par voie électronique ont été rendues nécessaires au fil du temps. Si certaines dispositions pouvaient paraître quelque peu désuètes, l'adéquation du code de procédure civile avec la réalité est intervenue. D'autres risques encore sont intrinsèques aux nouvelles technologies, qui n'ont pas seulement été appréhendées par les « gens de justice »[1], et démontrent qu'une atteinte au périmètre du droit[2] peut exister du fait de leur usage. De plus, le choix apparemment critiquable d'une utilisation monopolistique des nouvelles technologies révèle un parti pris pour la prudence dans leur déploiement. En témoigne les différents projets élargissant peu à peu leur usage au sein de tous les justiciables. Néanmoins, il convient de préciser que tous ces maux ne sont pas incurables. Pour chaque risque, quelquefois réalisé, de la dématérialisation du procès civil, un remède peut être proposé parfois concrétisé, souvent ignoré. Le pouvoir règlementaire n'est cependant pas démuni et il n'appartient qu'à lui d'adapter l'utilisation des nouvelles technologies aux exigences du procès civil, garantes du respect des droits fondamentaux des justiciables.

---

[1] H. Croze, Choc de simplification procédurale ? A propos du décret n° 2015-282 du 11 mars 2015, préc.

[2] N. Fricero, Demande en justice et nouvelles technologies : aspects procéduraux, préc. ; P.-Y. Gautier, L'éventuel exercice électronique du droit par un non-avocat, préc.

CONCLUSION

85. Prospective – L'analyse des projets relatifs aux nouvelles technologies fait présager la poursuite de leur application en procédure civile, et même une amplification de la dématérialisation des procédures. Ces objectifs peuvent être l'ouvrage des professions juridiques, qui comme l'observateur a pu le constater, ont été très impliquées dans le développement de l'utilisation des nouvelles technologies. Mais le pouvoir règlementaire a également démontré son intérêt à perpétrer la prolifération de celles-ci en procédure civile.

Dans un premier temps, certaines professions ont développé des projets ayant trait aux nouvelles technologies. Le Conseil National des Barreaux a annoncé le lancement d'une plateforme de consultation juridique à distance des avocats[1]. Elle permettra aux avocats de délivrer à distance par Internet et téléphone des consultations juridiques, dans le respect des règles déontologiques de la profession. Cela fait écho à toutes les plateformes qui ont émergé sur Internet ces dernières années, hors du périmètre du droit des avocats[2], visant à simplifier l'accès des justiciables aux juridictions. L'on ne peut que se réjouir de cette initiative qui garantira la sécurité juridique des justiciables.

Dans un second temps, le pouvoir règlementaire démontre sa volonté d'associer les nouvelles technologies pour promouvoir la justice du XXIème siècle. Dans sa réforme judiciaire dénommée « J 21 », les nouvelles technologies sont au service d'une modernisation de la justice et de son adaptation[3]. Pour cela, des grands axes ont été dégagés, et certaines actions qui seront mises en place touchent directement à la dématérialisation du procès civil. Notamment, « pour une justice plus proche », la création d'un portail internet nommé Portalis devrait

---

[1] Le Conseil National des Barreaux annonce le lancement de la plateforme officielle de consultations juridiques à distance des avocats dès mai 2016, Intranet et nouvelles technologies : actualités, 25 mars 2016, cf http://cnb.avocat.fr/Le-CNB-annonce-le-lancement-de-la-plateforme-officielle-de-consultations-juridiques-a-distance-des-avocats-des-mai-2016_a2587.html

[2] N. Fricero, Demande en justice et nouvelles technologies : aspects procéduraux, préc. ; P.-Y. Gautier, L'éventuel exercice électronique du droit par un non-avocat, préc.

[3] Pour une présentation de la réforme judiciaire J21 : http://www.justice.gouv.fr/la-reforme-judiciaire-j21-12563/.

intervenir[1]. Il a vocation à faciliter l'accès des justiciables aux informations relatives aux procédures et à devenir l'unique interface utilisée par les juridictions. Il constituera un grand progrès dans le déploiement des nouvelles technologies au service des justiciables, car il permettra à terme de formuler une demande d'aide juridictionnelle, d'engager une procédure en ligne, d'en suivre l'évolution, et de prendre connaissance de la date des audiences[2]. La mise en place du site Internet justice.fr est un préalable à la consécration du portail Portalis. Le suivi en ligne de son affaire devrait être possible durant l'année 2017[3]. Aussi, la promesse est faite de systématiser la communication par voie électronique[4]. Le procès tendrait à devenir une « cyber procédure civile[5] », à l'image des recommandations de la Commission Européenne pour l'efficacité de la justice reprises par Emmanuel Macron[6]. Le litige serait constitué d'un dossier numérique évoluant au gré de l'avancement de la procédure, accessible à tous, justiciables comme avocats[7]. Enfin, une action entreprise vise à dématérialiser l'expertise en matière civile, par biais d'un logiciel dénommé Opalexe[8]. Cette plateforme permet d'assurer la transmission par voie électronique de documents relatifs à l'expertise. Il est expérimenté actuellement depuis mars 2015 au tribunal de grande instance de Paris et à la cour d'appel sur Bordeaux. Ce test devrait durer deux années[9].

Si ces projets liés aux nouvelles technologies sont porteurs d'espoir, d'autres nourrissent les inquiétudes du monde judiciaire. Tel est le cas de

---

[1] Cf. Pour une justice plus proche, action n° 2 : Faciliter les démarches des justiciables sur internet grâce à « Portalis », in Les grands axes de la réforme judiciaire, disponible sur le site du ministère de la justice : http://www.justice.gouv.fr/art_pix/j21-axes.pdf.

[2] Ibid.

[3] http://www.justice.gouv.fr/modernisation-de-la-justice-du-21e-siecle-12563/une-justice-plus-accessible-12834/

[4] Ibid.

[5] C. Bléry et J.-P. Teboul, De la communication par voie électronique au code de cyber procédure civile, JCP G n° 24, 12 juin 2017, 665.

[6] E. Macron, Une justice pour notre temps, Gaz. Pal., 14 mars 2017, p. 16.

[7] Ibid.

[8] J.-M. Burguburu, L'avocat face à la communication par voie électronique, Procédures n° 10, oct. 2014, dossier 2 ; C. Berrebi, Les avocats au cœur d'une justice dématérialisée, Procédures n° 10, oct. 2014, dossier 3 ; C. Bléry et J-P. Teboul, Communication par voie électronique et procédure orale : rencontre du troisième type, préc. ; Conseil National des Barreaux, La dématérialisation au service des avocats, JCP G n° 27, 6 juill. 2015, 812.

[9] Conseil National des Barreaux, La dématérialisation au service des avocats, préc.

la justice prédictive qui a pour objectif de prédire l'issue des procès grâce à l'exploitation de données issues des jurisprudences et l'utilisation d'algorithmes[1]. En partenariat avec le ministère de la justice, les cours d'appel de Rennes et de Douai ont décidé d'expérimenter le logiciel Predictice permettant de prévoir le contenu d'une décision[2]. Cette expérimentation ne concerne actuellement que le droit civil. Le logiciel anticiperait le résultat d'un contentieux grâce à un algorithme analysant les décisions rendues par les tribunaux. En effet, depuis la loi pour une République numérique[3], les décisions de justice doivent être publiées. Certains observateurs voient dans la justice prédictive une façon de favoriser les modes alternatifs de résolution des conflits par l'analyse es probabilités de réussite du procès. D'autres professionnels sont plus sceptiques. Un logiciel peut-il réellement prendre en compte la multiplicité des faits inhérente à un procès de la même manière que les magistrats et les avocats ? En tout cas, cette nouvelle façon de concevoir la justice est en plein essor et elle tend à devenir une partie du paysage procédural. Il est primordial que les professions judiciaires s'approprient de tels outils. Il convient donc de saluer les initiatives visant à maîtriser ces nouveaux instruments qui ne doivent rester que des aides pour les professionnels et ne sauraient prétendre les remplacer afin que les garanties de la procédure civile et l'humanisation des procès soient préservés.

Ces projets, tant attendus que redoutés, nous permettent d'affirmer que les nouvelles technologies de l'information et de la communication ont un bel avenir en procédure civile.

---

[1]http://www.liberation.fr/france/2017/02/23/justice-predictive-l-augure-des-procedures_1550628

[2]http://www.leparisien.fr/faits-divers/justice-un-logiciel-pour-aider-les-juges-a-decider-26-04-2017-6890301.php

[3] L. n° 2016-1321 du 7 octobre 2016, JORF n°0235 du 8 octobre 2016, texte n° 1.

INDEX

Les chiffres renvoient aux numéros des paragraphes.

E

F

G

H

I

Q

R

S

T

U

V

BIBLIOGRAPHIE

Ouvrages généraux et spéciaux

S. Amrani-Mekki et Y. Strickler, *Procédure civile*, Thémis droit, PUF, 1ère éd., 2014.

P.-H. Antonmattéi, *Contribution à l'étude de la force majeure*, préf. B. Teyssié, LGDJ, Bibliothèque de droit privé, t. 220, 1992.

Association pour l'organisation de la Conférence des Présidents des cours d'appel de l'Union Européenne Juritic, *Les technologies de l'information et de la communication au service de la justice du XXIe siècle : actes du [2e] colloque organisé du 13 au 15 octobre 2011 à Dijon*, Collection Grands colloques, LGDJ, Lextenso éd., 2013.

A. Bensoussan, *RPVA, Réseau privé virtuel avocat, de la procédure électronique au cabinet numérique*, Dossiers pratiques Francis Lefèbvre, 2012.

Centre de formation permanente de l'Université Panthéon-Assas, *Clés pour le siècle : droit et science politique, information et communication, sciences économiques et de gestion*, Paris, Dalloz, 2000.

D. Cholet, *La célérité de la procédure en droit processuel*, préf. G. Giudicelli-Delage, LGDJ, Bibliothèque de droit privé, t. 466, 2006.

Conseil d'Etat, *Guide pour l'élaboration des textes législatifs et règlementaires*, Doc. Fr., Paris, 2ème éd., 2007.

G. Cornu, *Vocabulaire juridique*, Association Henri Capitant, PUF, 9ème éd., août 2011.

L. Cadiet et E. Jeuland, *Droit judiciaire privé*, Lexisnexis, 8ème éd., 2014.

Sous la direction de L. Cadiet et L. Richer, *Réforme de la justice, réforme de l'Etat*, coll. Droit et justice, PUF, 2003.

C. Chainais, F. Ferrand, et S. Guinchard, *Procédure civile, droits interne et de l'Union Européenne*, Précis Dalloz, 32ème éd., 2014.

Sous la direction de S. Guinchard, *Droit et pratique de la procédure civile, Droits interne et de l'Union Européenne*, Dalloz action, 8ème éd., 2014-2015.

P. Herisson, B. Sido, *Confiance dans l'économie numérique,* Rapport 345, 2002-2003, Commission des affaires économiques, www.senat.fr.

Commission présidée par E. Linden, *Rapport de la commission sur l'enregistrement et la diffusion des débats judiciaires*, Doc. Fr, 22 fév. 2005.

Rapport de la mission présidée par J.-C. Magendie, *Célérité et qualité de la justice – la gestion du temps dans le procès*, Doc. Fr., 15 juin 2004.

Rapport de la mission présidée par J.-C. Magendie, *Célérité et qualité de la justice devant la cour d'appel*, Doc. Fr., 24 mai 2008.
J.-F. Renucci, *Droit européen des droits de l'homme, droits et libertés fondamentaux garantis par la CEDH*, LGDJ, Lextenso édition, 5ème éd., 2013.
F. Sudre, *Droit européen et international des droits de l'homme*, Coll. droit fondamental, PUF, 11ème éd., 2013.
R. Trégouët, *Les nouvelles technologies de l'information*, Rapport d'information, fait au nom de la commission des finances n° 331, t. I, 1997-1998, 4 mars 1998.
J. Van Compernolle, *Mélanges Jacques Van Compernolle*, Bruylant, 2004.
R. Von Jhéring, *L'esprit du droit romain*, trad. O de Meulamaere, Maresq., Paris, T III, 3ème éd. 1887.

Articles et chroniques

S. Amrani-Mekki, *Le principe de célérité*, RFDA 2008, n° 125, p. 52.
S. Amrani-Mekki, in *Droit judiciaire privé*, JCP G n° 47, 18 nov. 2013, doctr. 1225.
H. Apchain, *Retour sur la notion de bonne administration de la justice*, AJDA 2012, p. 587.
M. Attal, F. Gleitz-Winterstein, *Communication électronique versus libre accès à la justice par l'avocat*, JCP G n° 17, 28 avr. 2014, 498.
C. Berrebi, *Les procédures immatérielles : état des lieux*, Gaz. Pal., 26 mai 2012, n° 147, p. 13.
C. Berrebi, *L'expansion de e-barreau ou la réalité du terrain, à propos de la communication électronique dans les procédures devant les tribunaux de commerce*, Gaz. Pal., 9 juill. 2013, n° 190, p. 10.
C. Berrebi, *Les avocats au cœur d'une justice dématérialisée*, Procédures n° 10, oct. 2014, dossier 3.
C. Bléry, *De la contractualisation à la réglementation unilatérale : dérive des protocoles de la mise en état*, Procédures n° 2, févr. 2012, alerte 5.
C. Bléry, *Protocole relatif à la mise en état devant le tribunal de commerce de Lyon : un exemple qui interroge*, JCP G n° 50, 10 déc. 2012, p. 1357.
C. Bléry, *Procédure avec représentation obligatoire devant les cours d'appel et communication par voie électronique : panorama (sans doute non exhaustif) des difficultés*, Procédures n° 10 oct. 2013, dossier 4.

C. Bléry, *La Cour de cassation valide le consentement exprès tacite !*, JCP G n° 39, 23 sept. 2013, 979.
C. Bléry, *Pas d'acceptation tacite de la communication électronique pour l'avocat toulousain adhérent au RPVA !*, JCP G n° 4, 21 janv. 2013, 69.
C. Bléry, *Une nouvelle ère pour la procédure civile, à propos du décret n° 2015-282 du 11 mars 2015*, Gaz. Pal., 28 mars 2015, n° 87, p. 6.
C. Bléry, *Securigreffe : l'identité numérique judiciaire opposable est née*, JCP G n° 9-10, 29 févr. 2016, 256.
C. Bléry et G. Huvelin, *Mais que fait la Chancellerie ?*, Gaz. Pal., 26 mars 2013, n° 85 p. 9.
C. Bléry et J-P. Teboul, *La communication électronique, de la procédure civile avant tout !*, JCP G n° 46 12 nov. 2012, 1189.
C. Bléry et J-P. Teboul, *Dématérialisation du procès : trois pas en avant, deux pas en arrière ?*, Gaz. Pal., 9 mars 2013, n° 68, p. 12.
C. Bléry et J-P. Teboul, *Communication par voie électronique et procédure orale : rencontre du troisième type*, Procédures n° 10, oct. 2014, dossier 4.
C. Bléry et J.-P. Teboul, *Fin de controverse : la conséquence procédurale pour une communication par voie électronique non autorisée est une nullité de forme*, JCP G n° 52, 22 déc. 2014, 1331.
C. Bléry et J.-P. Teboul, *Saisine dématérialisée du tribunal d'instance ou de la juridiction de proximité ? Cherchez l'erreur*, Gaz. Pal., 3 sept. 2013, n° 246, p. 6.
C. Bléry et J.-P. Teboul, *Entre nullité pour vice de forme, nullité pour irrégularité de fond et exercice illégal de la profession d'avocat : l'audacieux mais périlleux équilibre de demanderjustice.com*, JCP G n° 20, 19 mai 2014, 578.
C. Bléry, D. Lambrey de Souza, M. Picot-Persin et J-P. Teboul, *RPVA devant le tribunal de commerce de Versailles : regards croisés de la théorie et de la pratique*, JCP G n° 8, 24 fév. 2014, 224.
C. Bléry, J.-P. Teboul, *Quelles conséquences procédurales pour une communication par voie électronique non autorisée ?*, JCP G n° 51, 17 déc. 2012, 1360.
C. Bléry et J.-P. Teboul, *De la communication par voie électronique au code de cyber procédure civile*, JCP G n° 24, 12 juin 2017, 665.
J.-M. Burguburu, *L'avocat face à la communication par voie électronique*, Procédures n° 10, oct. 2014, dossier 2.
L. Cadiet, *Le procès civil à l'épreuve des nouvelles technologies – Rapport de synthèse*, Procédures n° 4 avril 2010, dossier 8.
Conseil National des Barreaux, *Le Conseil National des Barreaux annonce le lancement de la plateforme officielle de consultations*

juridiques à distance des avocats dès mai 2016, Intranet et nouvelles technologies : actualités, 25 mars 2016, site du Conseil National des Barreaux.
Conseil National des Barreaux, *La dématérialisation au service des avocats*, JCP G n° 27, 6 juil. 2015, 812.
H. Croze, *Le progrès technique de la procédure civile*, JCP G n° 5, 28 janv. 2009, I, 108.
H. Croze, *Les actes de procédure et les nouvelles technologies*, Procédures n° 4, avr. 2010, dossier 4.
H. Croze, *La communication électronique procédurale devant les tribunaux de commerce*, JCP G 2012, doctr. 1150.
H. Croze, *La communication électronique procédurale devant les tribunaux de commerce*, JCP G 2012, doctr. 1150.
H. Croze, *Napoléon reviens, ils sont devenus fous !*, Procédures n° 12, déc. 2012, repère 11.
H. Croze, *Irrecevabilité des conclusions pour violation d'une convention de procédure*, JCP G n° 52, 1er déc. 2012, p. 1394.
H. Croze, *Caducité de la déclaration d'appel pour défaut de dépôt des conclusions de l'appelant*, Procédures n° 12, déc. 2015, comm. 346.
H. Croze, *Choc de simplification procédurale ? A propos du décret n° 2015-282 du 11 mars 2015*, JCP G n° 13, 30 mars 2015, 356.
H. Croze, *L'adhésion au RPVA vaut consentement à l'utilisation de la communication électronique*, JCP G n° 14, 2 avr. 2012, 406.
M.-C. De Lambertye-Autrand, *Regard européen sur l'introduction des nouvelles technologies dans le procès civil*, Procédures n° 4, avr. 2010, dossier 6.
E. De Leiris, *Communication électronique*, Rép. Pr. Civ., janv. 2016.
S. Derlange et A. Errera, *L'essor des téléprocédures judiciaires en France et à l'étranger : vers la justice de demain*, JCP G n° 51, 17 déc. 2008, I, 224.
F. Desprez , *Réforme de la carte judiciaire et visioconférence : d'une proximité physique à une proximité virtuelle*, Procédures n° 3, mars 2008, alerte 6.
G. Didier et G. Sabater, *Dématérialisation des procédures : « une révolution culturelle est nécessaire »*, JCP G n° 8, 20 fév. 2008, I, 118.
O. Dufour, *Demanderjustice.com, braconnier du droit ou pionnier ?*, LPA, 11 fév. 2014, n° 30, p. 4.
F. Eudier, N. Gerbay, *Jugement*, Rép. Pr. Civ, juin 2014.
A. Ferrete et E. Ricard, *La technique au service de l'efficacité de la procédure civile : premières vues sur le décret du 28 décembre 2005*, Procédures n° 6, juin 2006, étude 17.

A. Flückiger, *Le principe de clarté de la loi ou l'ambiguïté d'un idéal*, Nouveaux cahiers du Conseil Constitutionnel, cahier n° 21, dossier : la normativité, Conseil constitutionnel France, Paris, Dalloz, janv. 2007.
N. Fricero, *La mise en état : entre tradition et modernité*, in Qu'est devenue la pensée de Henri Motulsky ?, Colloque organisé à l'occasion du quarantième anniversaire de la disparition de Henri Motulsky [1905-1971], Procédures 2012, Dossier 7.
N. Fricero, *Demande en justice et nouvelles technologies : aspects procéduraux*, Procédures n° 10, oct. 2014, dossier 5.
N. Fricero, *Les nouvelles sanctions du défaut de diligence des avocats en appel*, Procédures 2013. Dossier 6.
N. Fricero, *Remise irrégulière des conclusions au greffe de la cour d'appel et caducité de la déclaration d'appel*, JCP G n° 48, 23 nov. 2015, 1278.
N. Fricero *L'appel nouveau est arrivé !* A propos du décret n° 2017-891 du 6 mai 2017, JORF n° 0109, texte n° 113, Dalloz actualité, 12 mai 2017.
G. Huvelin, *Quand pourrons-nous notifier au tribunal de commerce des messages par RPVATC et lesquels ?*, Gaz. Pal., 1 mars 2014, n° 60, p. 9.
F. Gascón Inchausti, *L'introduction des nouvelles technologies dans le procès civil espagnol*, Procédures n° 4, avr. 2010, dossier 7.
P.-Y. Gautier, *L'éventuel exercice électronique du droit par un non-avocat*, D. 2014 p. 1032.
T. Ghéra, *Dématérialisation des procédures judiciaires : l'équilibre entre professions à l'épreuve de l'évolution culturelle*, Gaz. Pal., 20 sept. 2011 n° 263 p. 9.
S. Grayot, *Le droit à un procès équitable à l'aune des nouvelles technologies*, Procédures n° 4 avr. 2010, dossier 2.
S. Grayot-Dirx, *La cause étrangère et l'usage des nouvelles technologies dans le procès civil*, Procédures n° 1, janv. 2013, étude 2.
Sous la direction de Florence G'sell, Avocats, chronique, JCP G n° 23, 5 juin 2017, doctr. 660.
R. Guichard, *Postuler ou ne pas postuler devant les cours d'appel en matière prud'homale*, JCP G n° 28, 19 sept. 2016, 977.
S. Guinchard, *Les métamorphoses de la procédure à l'aube du troisième millénaire*, in Clés pour le siècle, Paris II, Dalloz, 2000, p. 1203.
S. Guinchard, *Quels principes directeurs pour les procès de demain ?*, in Mélanges J. Van Compernolle, Bruylant, 2004.
S. Guinchard, *Procès équitable*, Rép. Pr. Civ., mars 2013.
L. Hamoudi, *Le point sur la procédure d'appel en matière prud'homale*, Gaz. Pal. N° 22, 13 juin 2016, p. 10.

E. Jeuland, *Arbitrage en ligne et procès virtuel : pour le principe de présence*, Dr. et procédures 2007, p. 262 et s.
E. Jeuland avec S. Amrani-Mekki, R. Libchaber et L. Mayer, *Chronique par le Département de recherche sur la justice et le procès,* JCP G n° 21, 22 mai 2017, doctr. 585
S. Jougla-Ygouf, *Procédure civile : même au Poker, il y a des règles...*, Gaz. Pal., 4 déc. 2012, n° 339, p .13.
J. Junillon et R. Laffly, *La communication simultanée des pièces en appel : c'est maintenant !,* JCP G 2012, 944.
J. Junillon et R. Laffly, *Deux ans de jurisprudence*, JCP G 2013, 249.
R. Laffly, *Envoi commun de la signification de la déclaration d'appel et des conclusions : portée*, Dalloz actualité, 23 mai 2017.
L. Lauvergnat, *Signification électronique et contradictoire : une contradiction*, Gaz. Pal., 26 mars 2013, n° 85, p. 13.
G. Maugain, *Actes de procédure*, Rép. Pr. Civ., sept. 2014.
L. Mayer, in *Droit judiciaire privé*, JCP G n° 14, 4 avr. 2016, doctr. 414.
G. Mecarelli, S. Poisson, *La signification par voie électronique : entre défi technologique et théorie du procès*, D. 2012, p. 2533
P. Mucchielli, *Conclusions en vue de l'avis rendu le 9 sept. 2013 (demande n° 13-70005).*
V. Orif, *Le rapprochement entre la procédure prud'homale et le droit commun procédural*, Gaz Pal., 30 août 2016, n° 29 p. 47.
A. Portmann, *Notification entre avocats par voie électronique : la Cour de cassation élude la question*, Dalloz actualité, 23 mai 2013.
Rédaction Lextenso, M. Bencimon, A. Boccara, E. Boccara, S. Jougla-Ygouf, *RPVA : le passage du virtuel au réel*, Gaz. Pal., 12 mars 2013, n° 71, p. 8.
P. Sannino, *« Les huissiers de justice ont fait la preuve de leur capacité d'innovation et de leur adaptation à la nouvelle ère digitale ». - 3 questions à Patrick Sannino, président de la Chambre nationale des huissiers de justice*, JCP G n° 50, 7 déc. 2015, 1375.
J. Simon-Delcros, *Visioconférence : moderniser sans déshumaniser*, Gaz. Pal., 11 mai 2010 n° 131, p. 8.
H. Slim, *La notion de représentation et d'assistance en justice face aux défis de la technologie juridique*, JCP G n° 14, 4 avr. 2016, 394.
S. Smatt et L. Blanc, *Les avocats doivent ils craindre l' « ubérisation » du droit ?*, JCP G n° 40, 28 sept. 2015, 1017.
T. Vasseur, *Rapport Vasseur en vue de l'avis du 9 sept. 2013 (demande n° 13-70.005).*
T. Wickers, Les quatre défis des plateformes, Gaz. Pal., 19 avr. 2016, n° 15, p. 3.

Jurisprudence et notes de jurisprudence

CE 21 févr. 1968, Rec. 123.

CEDH, 17 janv. 1970, Delcourt c. Belgique, req. n° 2689/65, Série A n° 11.

Cons. Const. 27 déc. 1973, n° 73-51 DC, taxation d'office, in L. Favoreu et L. Philip, GDCC, 17ème éd., Dalloz, 2013, n° 21.

CEDH 21 févr. 1975, Golder c. Royaume-Uni, req. n° 4451/70, Série A, n° 18, Berger 12ème éd., 2011, n° 63, p. 203 ; R. Pelloux, L'affaire Golder devant la Cour européenne des droits de l'homme, AFDI 1975, 330.

CE, Ass. Dame David, D. 1975, p. 369.

CEDH 9 oct. 1979, Airey c/ Irlande, série A, n° 32, GACEDH, 2011, PUF, n° 2, obs. Sudre

Cons. Const., 14 mai 1980, n° 80-113, Rec. Cons. Const., 61.

CE 30 oct. 1980, Rec. 1129.

CEDH 6 mai 1981, Buchholz c. Allemagne, req. n° 7759/77, Série A, n° 42.

CEDH 8 déc. 1983, Pretto c. Italie, req . n° 7984/77.

CEDH 8 déc. 1983, Axen c. Allemagne, série A n° 72, p. 12.

CEDH 22 févr. 1984, Sutter c. Suisse, req. n° 8209/78, Série A, n° 74.

Com. 11 juin 1985, n° 84-11224, Bull. Civ. IV, n° 185.

Cons. Const. 10 mai 1988, n° 88-157 L, Rec. Cons. Const. 56.

CA Paris, 24 juin 1992, JCP 1992, IV, 2590.

CEDH 25 févr. 1993, Dobbertin c. France, Série A n° 256.

Civ. 1ère, 4 janv. 1995, n° 92-20966, Bull. Civ. I, n° 49.

Ass. Plén. 30 juin 1995, n° 94-20302, Bull. Ass. Plén., n° 4 ; D. 1995. 513, concl. Jéol.

CEDH, 4 déc. 1995, req. n° 23805/94, Bellet c. France : D. 1997, somm. comm., 205, obs. N. Fricero.

Cons. Const. 9 avr. 1996, n° 96-373 DC, AJDA 1996, 371, obs. Shrameck.

CEDH, 23 oct. 1996, Levages Prestations Services c. France, req. n° 21920/93, Rec. CEDH-V, D. 1997 , 209, obs. Fricero.

Civ. 3ème, 19 juin 1996, n° 94-70291, Bull. civ. III, n° 148, AJDI 1996. 901, obs. Lévy.

Cons. Const., 10 juin 1998, décision n° 98-401 DC.

Cons. Const., 16 déc. 1999, décision n° 99-421 DC.

Soc. 27 janv. 2000, n° 97-43845, Procédures 2000, n° 102, obs. Sportouch.

CEDH 8 mars 2001, Minnema c. Portugal, req. n° 39300/98.

CEDH 6 déc. 2001, Martins Serra et Andrade Cancio c. Portugal, req. n° 43999/98.
CEDH, 6 mai 2003, P4 Radio Hele Norge c/ Norvège, req. n° 76682/01.
Cons. Const. 26 juin 2003, n° 2003-473 DC.
CE, 17 déc. 2003, Meyret et alii, AJDA 2004, 712, Markus.
Cons. Const., 12 févr. 2004, n° 2004-491, Rev. Cons. Const., p. 60 §4, D. 2005, somm. 1125, Ogier-Bernaud et Serverino.
Cons. Const. 2 déc. 2004, n° 2004-506 DC.
Civ. 2ème, 28 févr. 2006, n° 04-15406, Bull. civ. II, n° 51.
Ass. Plén., 7 juill. 2006, D. 2006, 2135, Weiller, Dr. Et proc. 2006, 348, Fricero.
CEDH 31 mai 2007, Miholapa c. Lettonie, D. 2007, 2429, obs. N. Fricero.
CE 26 mars 2008, Union syndicale autonome justice [USAJ/UNSA] et a., req. n° 301254, Lebon.
CJUE, 18 mars 2010, Rosalba Alassini c. Telecom Italia SpA e. a., affaires jointes C-317/08, C-318/08, C-319/08 et C-320/08.
Civ. 2ème, 6 mai 2010, n° 09-66523, Bull. civ. II, n° 86, D. 2011. 265, obs. N. Fricero.
Civ. 2ème, 10 févr. 2011, n° 10-15332, Bull. civ. II, n° 31.
CEDH 31 mars 2011, Chatellier c. France, req. n° 34658/07, RTD civ. 2011, 313, obs. Marguénaud ; Procédures 2011, comm. 171, Fricero.
CE, 13 juill. 2011, no 336360 cité par S. Jougla-Yglouf, *Procédure civile : même au Poker, il y a des règles…*, Gaz. Pal., 4 décembre 2012, n° 339, p .13.
CA Bordeaux, 5 mars 2012, RG n° 11/04968, Juris-Data n° 2012-003388.
Civ. 2ème, 27 sept. 2012, n° 11-18322 : Bull. Civ. II, n° 155.
Civ. 2ème, 24 oct. 2012, Procédures 2013, n° 2, Perrot.
CA Riom, 29 oct. 2012, RG n° 12/01823 .
CA Lyon, 30 oct. 2012, RG n° 11/08437, J. Junillon et R. Laffly, *Deux ans de jurisprudence*, JCP 2013. 249, n° 9, N. Fricero, *Les nouvelles sanctions du défaut de diligence des avocats en appel*, Procédures 2013. Dossier 6, n° 9.
CEDH, 30 oct. 2012, Glykantzy c. Grèce, Procédures 2013, dossier 1.
J. Proximité Nogent-sur-Marne, 12 nov. 2012, n° 91-12-000092.
CA Pau, 14 nov. 2012, Juris-Data n° 2012-028106.
CA Reims, 27 nov. 2012, RG n° 12/02121, Juris-Data n° 2012-029502 in H. Croze, *Irrecevabilité des conclusions pour violation d'une convention de procédure*, JCP G n° 52, 1er déc. 2012, p. 1394.
CA Reims, 27 nov. 2012, RG n° 12/0121.

CA Toulouse, 4 déc. 2012, RG n° 12/04955, Juris-Data n° 2012-031247, C. Bléry, *Pas d'acceptation tacite de la communication électronique pour l'avocat toulousain adhérent au RPVA !*, JCP G n° 4, 21 janv. 2013, 69.

CA Orléans, 7 janv. 2013, RG n° 12/03319.

CEDH 8 janv. 2013 SC Raisa M. Shipping SRL c. Roumanie, req. n° 37576/05, Procédures 2013, comm. 70, obs. N. Fricero.

CA Rouen, 18 février 2013, RG n° 12/03160.

J. Prox. Antibes, 7 mars 2013, n° 91-12-000176.

CA Paris, 21 mars 2013, RG n° 12/23442.

J. Proximité, Paris, 2ème arrondissement, 30 avr. 2013, n° 91-12198.

CA Grenoble, 16 mai 2013, RG n° 12/04589, Juris-Data n° 2013-022168.

Civ. 2ème, 16 mai 2013, n° 12-19086, in A. Portmann, *Notification entre avocats par voie électronique : la Cour de cassation élude la question*, Dalloz actualité, 23 mai 2013.

CA Reims, 17 sept. 2013, n° 12/02383.

CEDH 3 sept. 2013, Gray c. France, req. n° 27338/11.

Civ. 2ème, 27 juin 2013, n° 12-19945, Bull. civ. II, n° 141 ; JCP G 2013, 1225, obs. S. Amrani-Mekki.

Cass., avis, 9 sept. 2013, n° 15012, demande n° 13-70.005, C. Bléry, *La Cour de cassation valide le consentement exprès tacite !*, JCP G n° 39, 23 sept. 2013, 979, S. Amrani-Mekki in *Droit judiciaire privé*, JCP G n° 47, 18 nov. 2013, doctr. 1225.

Soc. 25 sept. 2013, Gaz. Pal. 8-10 déc. 2013, p. 26, obs. C. Bléry.

Civ. 2ème, 5 déc. 2013, n° 12-23611, D. 2014. 561, E. de Leiris ; Gaz. Pal., juin 2014, C. Bléry ; Procédures 2014, n° 35, Perrot

TGI Aix-en-Provence, Ord. Référé, 24 déc. 2013, n°13/1182.

J. Proximité Dreux, 22 janv. 2014, Mme X/OG.

CA Pau, 22 janv. 2014, RG n° 14/00271.

TGI Paris, 30ème ch. corr., 13 mars 2014, n° 13248000496 et n° 13248000544 in C. Bléry et J.-P. Teboul, *Entre nullité pour vice de forme, nullité pour irrégularité de fond et exercice illégal de la profession d'avocat : l'audacieux mais périlleux équilibre de demanderjustice.com*, JCP G n° 20, 19 mai 2014, 578.

Civ. 2ème, 20 mars 2014, n° 13-15755, Juris-Data n° 2014-008240.

J. Proximité Rodez, 10 avr. 2014, n° 91-12-000118, Juris-Data n° 2014-008235.

Civ. 2ème, 15 mai 2014, n° 13-16132.

Civ. 2ème, 16 juin 2014, n° 13-17574, Bull. civ. II, n° 151.

Civ. 2ème, 26 juin 2014, n° 13-20868, Bull. civ. II, n° 159.

CA Aix-en-Provence, 31 juill. 2014, n° 14/02992.

Civ. 2ème, 16 oct. 2014, n° 13-17999, Juris-Data n° 2014-024134, in C. Bléry et J.-P. Teboul, *Fin de controverse : la conséquence procédurale pour une communication par voie électronique non autorisée est une nullité de forme*, JCP G n° 52, 22 déc. 2014, 1331.
Civ. 2ème, 13 nov. 2014, n° 13-25035, note C. Bléry, Gaz. Pal., 10 mars 2015, n° 69, p. 19.
CA Aix-en-Provence, 2 avr. 2015, RG n° 2015/243.
Civ. 2ème, 25 juin 2015, n° 14-21853, in E. de Leiris, *Communication électronique*.
CA Aix-en-Provence, 17 sept. 2015, RG n° 15/06666, Juris-Data n° 2015-021475.
Civ. 2ème, 24 sept. 2015, n° 14-20212, D. 2015, p. 1960, et 2016, p. 449, obs. N. Fricero.
Civ 2ème, 24 sept. 2015, n° 13-28017, Juris-Data n° 2015-021092, cité par N. Fricero, in *Remise irrégulière des conclusions au greffe de la cour d'appel et caducité de la déclaration d'appel,* JCP G n° 48, 23 nov. 2015, 1278, H. Croze, *Caducité de la déclaration d'appel pour défaut de dépôt des conclusions de l'appelant*, Procédures n° 12, déc. 2015, comm. 346.
Civ. 2ème, 15 oct. 2015, n° 14-24322 in E. de Leiris, *Communication électronique*, Rép. Pr. Civ., janv. 2016.
Civ. 2ème, 21 janv. 2016, n° 14-29207, D. 2016, p. 263.
CA Paris, pôle 5-12, 21 mars 2016, n° 14/04307, H. Slim, *La notion de représentation et d'assistance en justice face aux défis de la technologie juridique*, JCP G n° 14, 4 avr. 2016, 394.
Civ. 2ème, 10 nov. 2016, n° 14-25.631, H. Croze, *Procédure sans représentation obligatoire*, Procédures n° 1, janvier 2017, comm. 1 ; JCP G n° 21, 22 mai 2017, doctr. 585.
Civ. 2ème, 10 nov. 2016, n° 15-25.431, H. Croze, *Procédure sans représentation obligatoire*, Procédures n° 1, janvier 2017, comm. 1 ; JCP G n° 21, 22 mai 2017, doctr. 585.
Civ 2ème, 1er déc. 2016, n° 15-25.972, C. Bléry, *Renvoi après cassation : saisine de la cour par voie électronique*, Dalloz actualité, 14 déc. 2016.
Soc. 18 janv. 2017, n° 14-29.013.
Civ. 2ème, 20 avr. 2017, n° 16-14.694.
Cass. avis, 5 mai 2017 n° 17-70.004 et n° 17-70.005.
Soc. 18 janv. 2017, n° 14-29.013.

Table des matières

L'HARMATTAN ITALIA
Via Degli Artisti 15; 10124 Torino
harmattan.italia@gmail.com

L'HARMATTAN HONGRIE
Könyvesbolt ; Kossuth L. u. 14-16
1053 Budapest

L'HARMATTAN KINSHASA
185, avenue Nyangwe
Commune de Lingwala
Kinshasa, R.D. Congo
(00243) 998697603 ou (00243) 999229662

L'HARMATTAN CONGO
67, av. E. P. Lumumba
Bât. – Congo Pharmacie (Bib. Nat.)
BP2874 Brazzaville
harmattan.congo@yahoo.fr

L'HARMATTAN GUINÉE
Almamya Rue KA 028, en face
du restaurant Le Cèdre
OKB agency BP 3470 Conakry
(00224) 657 20 85 08 / 664 28 91 96
harmattanguinee@yahoo.fr

L'HARMATTAN MALI
Rue 73, Porte 536, Niamakoro,
Cité Unicef, Bamako
Tél. 00 (223) 20205724 / +(223) 76378082
poudiougopaul@yahoo.fr
pp.harmattan@gmail.com

L'HARMATTAN CAMEROUN
TSINGA/FECAFOOT
BP 11486 Yaoundé
699198028/675441949
harmattancam@yahoo.com

L'HARMATTAN CÔTE D'IVOIRE
Résidence Karl / cité des arts
Abidjan-Cocody 03 BP 1588 Abidjan 03
(00225) 05 77 87 31
etien_nda@yahoo.fr

L'HARMATTAN BURKINA
Penou Achille Some
Ouagadougou
(+226) 70 26 88 27

L'HARMATTAN SÉNÉGAL
10 VDN en face Mermoz, après le pont de Fann
BP 45034 Dakar Fann
33 825 98 58 / 33 860 9858
senharmattan@gmail.com / senlibraire@gmail.com
www.harmattansenegal.com